O Anfitrião do Campo-Santo

André Cozta
Pelo Senhor Exu Caveira

O Anfitrião do Campo-Santo

MADRAS

© 2021, Madras Editora Ltda.

Editor:
Wagner Veneziani Costa *(in memoriam)*

Produção e Capa:
Equipe Técnica Madras

Revisão:
Jerônimo Feitosa
Arlete Genari
Francisco Jean Siqueira Diniz

Dados Internacionais de Catalogação na Publicação (CIP)
(Câmara Brasileira do Livro, SP, Brasil)

Caveira, Exu (Espírito).
   O anfitrião do campo-santo / pelo senhor Exu Caveira ; André Cozta. -- São Paulo : Madras, 2021.
3ª ed.

   ISBN 978-85-370-0901-7

1. Romance brasileiro 2. Umbanda I. Cozta, André. II. Título.

14-01935   CDD-615.852

Índices para catálogo sistemático:
1. Romances mediúnicos : Umbanda 299.672

É proibida a reprodução total ou parcial desta obra, de qualquer forma ou por qualquer meio eletrônico, mecânico, inclusive por meio de processos xerográficos, incluindo ainda o uso da internet, sem a permissão expressa da Madras Editora, na pessoa de seu editor (Lei nº 9.610, de 19.2.98).

Todos os direitos desta edição reservados pela

MADRAS EDITORA LTDA.
Rua Paulo Gonçalves, 88 – Santana
Tel.: (11) 2281-5555 – (11) 98128-7754
Tel.: (11) 2281-5555 – Fax: (11) 2959-3090
www.madras.com.br

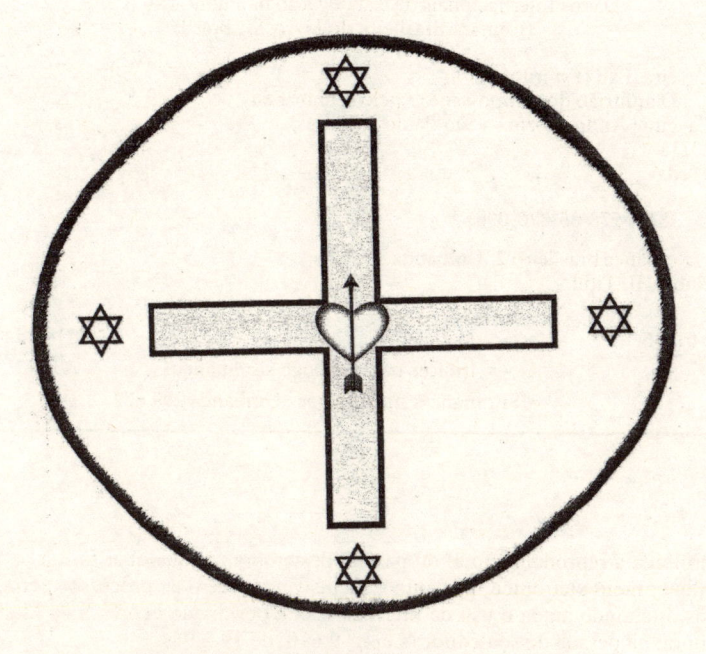

"Não há equilíbrio sem estabilidade,
não há estabilidade sem equilíbrio,
não há evolução sem justiça,
não há justiça sem evolução."

Mestre Rhady

Índice

Prefácio 9
O Anfitrião do Campo-Santo 13
Uma Introdução Necessária 17
Pondo Ordem na Casa 21
O Encaminhamento e um Novo Desafio 37
Primeiro Comentário do Senhor Exu Caveira 53
Perdendo-se do Amor e Sucumbindo na Ignorância 59
O Resgate sob uma Nova Consciência.................................69
Respirando Ar Puro sob os Desígnios da Lei......................79
Segundo Comentário do Senhor Exu Caveira......................85
Uma Conversa Franca 89
Passeando pelo Embaixo..101
Terceiro Comentário do Senhor Exu Caveira 115
Na Tenda das Vaidades..117
Comentário Final do Senhor Exu Caveira 139

Prefácio

Saúdo a todos que estão com esta belíssima obra em mãos, pois adentrarão a um conhecimento inigualável dentro das obras umbandistas.

Ao receber a referida obra das mãos do autor, senti uma emoção enorme, porque tinha certeza de que acessaria algo muito profundo e marcante, pois buscar entender os mistérios manifestadores do campo-santo requer aberturas e sintonias com o mesmo.

Senti, claramente, que ali estariam respostas para muitos que têm afinidades com os amados Guardiões, Guardiãs e os Sagrados Orixás desse ponto de forças no plano físico.

A cada página lida, entenderão como funciona o trabalho deste amado Guardião, tão dinâmico e executor da Lei Divina dentro do seu mistério, e até onde chegam suas irradiações dentro dos templos e casas umbandistas que trabalham com Exus e Pombagiras.

Assim como, dos irmãos e irmãs umbandistas que se utilizam dessas forças para alcançarem somente benefícios próprios e causam verdadeiros caos e desequilíbrios nas sessões realizadas.

Temos a real noção de que, para termos uma casa em pleno e bom funcionamento, precisamos ter disciplina e conhecimento crescente para entendermos quando as interferências ocorrem, sejam elas de ordem espiritual ou das questões mundanas. Se é pessoal ou coletiva. Se atingem a egrégora ou é somente negligência do dirigente espiritual.

Ao acessarmos os planos diversos, ou as diversas moradas de nosso Pai Maior, vemos que possuem suas regras e manifestações que em todos os momentos refletem no nosso plano físico.

Assim, muitas vezes, não entendemos a nossa realidade e, na maioria das oportunidades, culpamos os espíritos, os guias, os Orixás, por tudo que nos acontece de ruim, é claro! E esquecemos que existe o olho que tudo vê e nossa consciência envolvida em nossos atos, pensamentos e sentimentos.

Após a leitura desta obra singela e enriquecedora, obtive respostas que há muito resistia, pois temos receios e melindres com a atuação de certas falanges de Exus ligados à irradiação do cemitério e suas formas de trabalho, às quais, esclareço, são certeiras, rápidas e eficazes.

A forma como o protagonista da obra, Sr. Exu Caveira, trabalha é tão simples que podemos comparar ao simples ato de acendermos uma vela e colocarmos a nossa crença genuína ali depositada em nosso pedido.

Ensina-nos a disciplina, os cuidados, a vigilância, o equilíbrio que todos os praticantes da nossa amada Umbanda necessitam ter para o bom funcionamento de um templo.

Mostra-nos o quanto estamos vulneráveis ao envolvermos nossas questões pessoais e relacionamentos mal administrados nos trabalhos espirituais e, assim, descuidamos de nossas retaguardas e responsabilidades quanto ao desenvolvimento mediúnico, pois este é uma constante em qualquer estágio e tempo dessa faculdade.

Engana-se aquele que se julga inatingível só porque está na condição de dirigente ou com altos cargos dentro de uma casa... Somos humanos e todos passam por testes e oportunidades de crescimento.

Vale sempre lembrar que acessamos com maior facilidade as instruções dos amados guias quando estamos receptivos a críticas construtivas e também conscientes de nossa condição de eternos aprendizes.

Em diversas obras que tive acesso desde o início da minha caminhada evolutiva dentro da prática umbandista (aos 14 anos de idade como praticante, porém desde os 7 anos quando obtive minha experiência pessoal de cura em uma enfermidade que me paralisou as pernas), meus contatos com os diversos amigos espirituais sempre foram pacíficos e amorosos. E adentrei os trabalhos por amor e não por dor.

Expresso aqui que em todas as obras lidas, estudadas e em cursos que até hoje participo, atesto que precisamos sempre nos autoconhecer, estudar e usar com sabedoria todos os conhecimentos adquiridos, pois nossos amados amigos espirituais esperam isto de nós, para que possam trabalhar mais rápido e eficazmente na atual realidade que nos encontramos, e na qual a maioria não encontra tempo para se dedicar ao sentido religioso, mas buscam a espiritualidade como forma de pronto-socorro, e os referidos guias, Guardiões e guardiãs como os médicos socorristas, exigindo atuação imediata nos problemas que criamos em nossas escolhas erradas.

Ao ler esta obra esclarecedora, não a comparo a nada antes lido, pois toda obra tem seus ensinamentos de acordo com aquele que a acessa. Aprendo com o Guardião Exu Caveira, respeitado e temido dentro da Umbanda e da Quimbanda, como é simples ser um bom médium, um dirigente atento e um ser humano mais disciplinado.

Agradeço a oportunidade pelo acesso e abertura vindos deste amado Guardião (com o qual tenho uma história antiga). Sinto-me honrada e expresso minha profunda gratidão e amor.

Agradeço a você, querido André Cozta, por seu carinho e respeito pelo meu trabalho e minha pessoa. Sabemos que muitas obras esclarecedoras e singelas virão. Continue sua caminhada rumo ao compartilhamento dos ensinamentos dos amados guias, mentores, Guardiões, guardiãs e Orixás, e nos contemple com leituras evolutivas e fiéis no que concerne às realidades nos planos da vida e da evolução espiritual.

Excelente leitura, irmãos e irmãs!!!

Paz e luz!

Cathia D. Gaya
Consultora Metafísica
Maga Iniciadora na Magia Divina
Sacerdotisa
Comunicadora: Programa *Enigmas*

O Anfitrião do Campo-Santo

Da porta do cemitério ao Cruzeiro das Almas, ando e posso perceber quão triste é o resultado de uma vida inteira no plano material dominada pela vaidade, pelo ego e pela ilusão.

Vejo espíritos que perambulam, choram, urram de dor. Sofrem pelos mais variados motivos. Não aceitam a condição em que se encontram, mas também nada fizeram, enquanto encarnados, para trilhar um caminho melhor.

Sou incompreendido, taxado de demônio, porque sou um aplicador da Lei, um servidor do Divino Pai Omolu. Ele é um Orixá também muito deturpado no plano material pelo mito que o define como uma Divindade má e implacável, um demônio.

O homem, especialmente em função das religiões mentalistas, conseguiu afastar-se de Deus, da grande Verdade que é nosso Pai Criador.

Quem pode me ver ou, ao menos, sentir minha presença, se não estiver esclarecido, dirá que há um espírito maligno por perto.

Maligno é o preconceito que separa a humanidade e, invariavelmente, conduz essas pessoas ao *habitat* onde impera a ignorância: as trevas humanas.

Mas, infelizmente, preciso dizer aos senhores e senhoras que leem esta mensagem, que as trevas não estão somente sob os seus pés. Habitam os íntimos de muitos de vocês.

Alguém poderá dizer: "Como posso eu, um cristão, adorador de Deus, ter trevas em meu interior? O que o senhor está falando é uma heresia!".

E eu retruco: "Infelizmente, muitos de vocês, ainda que pensem desta forma, estão cultivando um pedaço das trevas em suas almas, quando usam da língua para o próprio benefício e quando disseminam o preconceito".

Aquele que olha para um semelhante, um irmão seu em Deus, com superioridade, está atravancando a evolução do Todo, que é a Criação do Pai.

Assim começam, sempre, os grandes problemas que hoje assolam o plano material.

Se você enxerga um Exu trabalhador como eu e se apavora, tenha certeza, você trabalhou muito, mesmo que inconscientemente, para a construção desse arquétipo.

Quando se deparar comigo, seja no cemitério, num trabalho de Umbanda ou Quimbanda, ou até mesmo nas trevas, estará olhando para o seu interior.

Não tenha medo do meu corpo esquelético, porque posso ser seu amigo e auxiliá-lo a subir, a galgar novos degraus na sua escala evolutiva. Mas também posso ser aquele que aplicará a Lei de Deus, deixando-o nas trevas até que você se reforme interna e conscientemente.

Só dependerá de você, tenha certeza!

Por isso, encerro esta mensagem suplicando a todos os humanos encarnados que joguem o preconceito para baixo dos seus pés, para bem fundo, a fim de que caia onde deve ficar, nos domínios da ignorância. E que olhem para o Alto, elevem o pensamento ao Pai e se comprometam em contribuir para a constante evolução da Criação.

    Deixe o amor fluir. Então, olhará para mim e verá um amigo, um irmão que quer ajudá-lo a trilhar seu caminho sem percalços.

    Venha! E, se precisar, apoie-se no meu cetro. Ele estará sempre à sua disposição, desde que queira ser mais um filho de Deus atuando dentro e em prol da Lei d'Ele.

Eu sou Exu Caveira!

Uma Introdução Necessária

Esta obra literária tem a intenção de desmistificar o preconceito que impera no meio material humano para com o Mistério Exu Caveira.

O *Anfitrião do Campo-Santo* é um livro que mostrará a você, amigo leitor, que esse Exu de Lei de Umbanda e Quimbanda nada mais é do que um irmão que, ao seu modo muitas vezes implacável, trabalha por nossa evolução.

O Senhor Guardião Exu Caveira, um trabalhador cósmico do Sétimo Sentido da Vida, um Mistério Espiritual Humano servidor do Divino Pai Omolu, nos mostrará nesta obra que a cada um de nós foi dada por Deus, nosso Pai, a incumbência de cuidar de Sua Criação.

Nossa evolução é o crescimento do Todo. E isso nos faz cumprir com os objetivos do Pai.

Sempre que nos olharmos no espelho, deveremos nos ver como servos de Deus. Assim como ele, o Senhor Exu Caveira, o é.

Mudam os campos de atuação, mas isso pouco importa quando estamos imbuídos no crescimento da Criação de Deus.

Façamos nossa parte no plano material, enquanto aqui estivermos, pois, após a partida de cada um de nós, tenha certeza, caro leitor, deveremos continuar cumprindo com nossas incumbências, aonde formos.

Porque, se desencarnarmos desequilibrados, aí sim, necessitaremos do auxílio daqueles que servem à Lei nas trevas, como, por exemplo, o Senhor Exu Caveira.

A atuação desse maravilhoso Mistério no Ritual de Umbanda e Quimbanda, assim como a de tantos outros Exus, Pombagiras e guias espirituais da Direita e da Esquerda, é "adiantar o serviço", fazendo com que ainda no plano material alcancemos uma real compreensão do que nos é dado e permitido por Deus. E, para isso, faz-se necessário que nos dispamos de todo e qualquer tipo de preconceito.

Algumas religiões, sempre com o intuito de sustentar e manter seus glamorosos templos, ao longo da história, afastaram seus fiéis dos templos naturais (matas, mar, cachoeiras, lagos, terra, entre outros).

A intenção da religião umbandista, por intermédio dos seus guias trabalhadores, é promover a reaproximação dos fiéis humanos das verdadeiras "Casas de Deus".

Esse trabalho é muito claro na Umbanda, assim como em outras religiões naturais que conhecemos aqui no Brasil.

E, quando isso passou a se tornar uma ameaça para as religiões abstratas, começaram os ataques fulminantes.

Caro leitor, tenha certeza, o Mestre Jesus Cristo não está na contramão deste movimento que a Umbanda promove desde que se estabeleceu no plano material.

Ele, um manifestador da Fé, um Senhor Oxalá Intermediário, caminha neste sentido, à nossa frente, nos guiando.

Não pense você que este Mestre Maior, o "Governador da Terra", está contra a Umbanda ou outras religiões naturais, como pregam os engravatados sacerdotes das igrejas pentecostais e como já pregavam os sacerdotes católicos.

Este livro não quer ser instrumento de combate a qualquer religião, até mesmo porque toda religião é boa, quando, ao seu modo, aproxima seus fiéis de Deus.

Mas já está mais do que na hora de colocarmos os pingos nos "is", dizendo: *"Vamos esclarecer tudo. Não somos diferentes dos adeptos de qualquer outra religião, pois também cultuamos Deus. Apenas o fazemos onde Ele realmente está".*

Espero que a leitura seja proveitosa e contribua para que você passe a enxergar melhor as coisas divinas, seja no meio, no Alto ou no embaixo.

André Cozta

Pondo Ordem na Casa

Estava tudo pronto para o início daquela gira, naquela tenda de Umbanda.

Eu havia sido convocado pelo Guia de Lei dirigente da casa, um Caboclo Pena Branca, para auxiliar naquele trabalho, naquela noite, que seria de Esquerda.

O espírito manifestador desse mistério, servidor do Divino Oxóssi e do nosso Pai Oxalá, também se manifestava em seu médium nos trabalhos de Esquerda, como o Exu Sete Covas.

Antes que alguém me denomine como maluco, vou explicar: é perfeitamente possível e mais comum do que você, leitor desta obra, imagina, este tipo de situação. Há espíritos muito ligados (pelos mais variados motivos) aos seus médiuns, que se manifestam nos trabalhos por intermédio de dois Mistérios Espirituais ou mais.

E isso se torna simples, quando se tem a visão correta do lado espiritual da vida humana.

Do lado de cá, nós, os espíritos trabalhadores de Lei no Ritual de Umbanda, acabamos sendo cooptados por Mistérios que nos identificam como aptos para os trabalhos.

As falanges de Exus, Pombagiras, Pretos-Velhos, Caboclos, e todas as outras que se manifestam na Umbanda e

Quimbanda, são designadas pelos Sagrados Orixás aos médiuns, quando vão reencarnar, conforme a vontade do Alto.

Então, neste momento, os carmas do médium e a missão a ele incumbida são colocados na balança, para que os Divinos Senhores do Alto (os Orixás) decidam quais Mistérios o acompanharão durante aquela etapa evolutiva.

Há guias espirituais que acompanham os médiuns há séculos e, simplesmente, passam a atuar na religião umbandista, pelo fato de o médium ter em sua caminhada a incumbência de trabalhar nesta religião.

É muito normal que os Mestres Tutelares (mentores espirituais) dos médiuns, que já acompanham há muito suas jornadas evolutivas, durante a etapa reencarnatória, se manifestem como Caboclos, Pretos-Velhos ou Exus.

Peço que leiam este meu comentário sem preconceitos, pois nossa função também é quebrar mitos e tabus no ritual umbandista.

Voltando àquele momento, o espírito que havia me convocado manifestava-se como Caboclo Pena Branca, o chefe da casa, e também como Exu Sete Covas, o chefe dos trabalhos de Esquerda da casa.

Não tenho aqui a autorização de revelar seu nome, mas posso dizer que se trata de um Mago que, desde a Era Cristalina, vem cuidando desse espírito que, encarnado, era o dirigente daquele terreiro.

Esse Mago, o Mestre Tutelar daquele encarnado, que também, ancestralmente (mesmo não sabendo, mantinha íntimas relações com a magia; intimidade esta desenvolvida especialmente na Era Cristalina e muito incentivada por seu Mestre), ao me receber, o fez de braços abertos e com um largo sorriso no rosto:

— És muito bem-vindo em minha casa, Guardião Exu Caveira!

— Agradeço pela recepção e sei que o trabalho aqui será árduo, amigo Sete Covas.

— Sei que posso contar contigo. Afinal, teu Mistério, como nenhum outro, sabe ser implacável na aplicação da Lei.

— E assim seremos, amigo Sete Covas!

Com a autorização do chefe dos trabalhos, aproximei-me do irmão Exu Caveira, que acompanhava o médium que manifestava nosso Mistério naquela casa.

Ele saudou-me e já foi relatando:

— Chefe, nosso tutelado está muito inseguro para o trabalho de hoje. Em verdade, ele tem noção de que não será fácil. Este centro tem sido alvo de muitos ataques. O Senhor Sete Covas, que comanda os trabalhos, tem feito além do possível para manter o equilíbrio na casa, porém, o corpo mediúnico atual é pequeno. Muitos médiuns debandaram daqui porque não possuíam confiança em seus guias de Esquerda ou Direita para a manutenção do trabalho.

Olhei para o médium, que arrumava seus pertences de trabalho, e, em seguida, para o irmão que o acompanhava e falei:

— Ele, em verdade, precisa ter despertado em seu íntimo o que há muito está apagado. Este homem já esteve em guerras, já conheceu melhor a força que carrega. Seus sinais são muito claros para nós, porém, ele, infelizmente, não faz ideia do que é capaz, se bem equilibrado.

— Pois é, chefe! Além disso, ele tem estado muito preocupado com seus problemas materiais e isto está prejudicando visivelmente a conexão com seus guias.

Fiquei em silêncio por alguns instantes, buscando uma resposta, uma solução para aquele caso.

O corpo mediúnico daquela casa, naquele momento, contava com seis médiuns apenas. O tutelado do nosso Mistério era o mais apto para auxiliar no reequilíbrio ali.

Além dele, somente o médium dirigente possuía reais condições. E, convenhamos, isto era bem pouco para as demandas que ali se apresentavam.

Ademais, ataques negativos estavam se tornando constantes, pois os magos do embaixo viram naquele terreiro um alvo fácil para suas investidas trevosas.

Olhei para meu irmão de Mistério e falei:

— Vá para a porta desta casa, auxilie os Exus de Lei que lá labutam. Eu ficarei aqui, cuidando do nosso tutelado.

Imediatamente, ele se colocou na posição ordenada.

Encostei meu cetro na nuca de Josélio, o nosso tutelado, e, aproximando-me do seu ouvido, falei:

— Levante-se agora, vá até o dirigente da casa e diga a ele que hoje você trabalhará comigo. Diga também que ele pode contar com Exu Caveira para trabalhar ao lado do Senhor Exu Sete Covas, porque hoje as coisas não serão fáceis por aqui.

Ele se levantou e foi falar com o dirigente da tenda.

Fui até meu irmão de Mistério e disse:

— Prepare-se, hoje levaremos alguns espíritos daqui, diretamente para o campo-santo.

Ele sacudiu a cabeça afirmativamente, concordando e colocando-se à disposição para o trabalho.

O Mistério Exu Caveira, é preciso que seja dito, muitas vezes é solicitado, porque impõe um respeito natural a todos aqueles que pensam poder infringir a Lei sem o risco de ser punidos.

É certo que o arquétipo que usamos impõe muito respeito e até medo em alguns espíritos devedores.

Os senhores do embaixo têm por este Mistério um enorme respeito, pois sabem que atuamos sob a irradiação do Divino Omolu e, como ele, somos implacáveis em nossas execuções, sempre que assim se faz necessário.

E assim não é diferente entre os espíritos que gostam de "bagunçar" os trabalhos espirituais, sejam os que estão perdidos perambulando, ou aqueles que são escravizados pelos senhores do embaixo e a eles servem.

Reaproximei-me de Josélio e fiquei ao seu lado, aguardando o início dos trabalhos e, ao mesmo tempo, atento a tudo que ocorria naquele ambiente.

Em dado momento, poucos minutos antes do início da gira, bem no centro do salão, pude perceber uma mancha cinza, que se movia como se fosse areia movediça.

Eu sabia que ali estava se abrindo um portal de ligação com algum reino da escuridão. Coloquei-me em posição de combate, segurei meu cetro em diagonal, com sua "cabeça" na minha mão direita e a base na mão esquerda.

Vi que a batalha iniciaria antes mesmo da abertura dos trabalhos.

O intuito daqueles que queriam derrubar o trabalho daquela casa, naquele dia, era desestabilizar antes do início, para que a gira não fluísse e eles pudessem transformar o local numa extensão dos seus domínios.

Duas médiuns passaram mal. As pessoas na assistência perceberam que havia algo errado.

Aproximei-me daquele portal que emitia ondas escuras, as quais se alternavam entre cinzas e pretas. Com meu cetro, projetei um portal ígneo à minha volta, o qual me imunizou de qualquer investida.

O Senhor Sete Covas, já muito próximo ao seu médium, me olhou, sinalizando de que ia acoplar-se a ele. E foi o que aconteceu: em poucos segundos, o médium incorporou seu Exu e começou a girar em torno do portal.

Aos encarnados, que a tudo assistiam e não podiam enxergar aquele portal, era passada a visão de que o Exu Senhor Sete Covas dançava em determinado ponto do salão.

"Dançava", gargalhava, baforejava seu charuto e rodava muito, segurando uma vela preta em sua mão esquerda.

Sinalizei a ele que iria acoplar-me a Josélio. Ele sacudiu a cabeça autorizando-me e, rapidamente, eu já controlava os sentidos do meu médium, que, encurvado, segurando o cetro simbólico, o qual era uma extensão mágica do meu cetro ritualístico, foi gargalhando até próximo do portal.

Os outros médiuns, assim como os assistentes, estupefatos a tudo assistiam, pouco ou quase nada entendendo do que ali acontecia.

Enquanto acoplado ao seu médium, o Senhor Exu Sete Covas girava em torno do portal em um movimento defensivo, ou seja, seus giros aliados às "armas" que usava (seu charuto e a vela) não permitiam que energias ou seres dali ultrapassassem para dentro do terreiro.

Mentalmente, comuniquei-me com o Senhor Sete Covas:

"Amigo, seu trabalho está muito eficiente, mas não pode ficar rodando para sempre em torno deste portal. Temos de achar um jeito de fechá-lo para que não mais se abra."

"Senhor Exu Caveira, este é o quarto ponto deste salão onde se abre um portal negativado. Podemos fechar este e, em breve, outro se abrirá noutro canto da casa. E minha intenção em chamá-lo aqui foi, exatamente, para juntos descobrirmos a origem desse problema. Creio que assim conseguiremos trazer a paz e o equilíbrio de volta a esta casa."

Pensei por um instante e falei:

– O amigo tem plena razão. Dê-me um instante, Senhor Sete Covas.

Mentalmente, chamei meu irmão de Mistério, que numa fração de segundo estava ao meu lado. Olhei para ele e falei:

– Dê-me sua mão, você tomará conta de Josélio sem que ele desincorpore. Eu, de fora, observarei este portal e tentarei, mentalmente, chegar à sua origem.

Imediatamente, ele me deu a mão, puxei-o com força, retirando-me do campo áurico de Josélio e colocando-o em meu lugar.

O médium apenas deu um safanão para a frente, apoiando-se com força no cetro simbólico, porém não teve interrupção na sua incorporação.

Enquanto o médium do Senhor Sete Covas manifestava seus giros em torno do portal, Josélio, controlado pelo meu irmão de Mistério, trabalhava com o cetro na mão esquerda, uma cumbuca com cachaça na mão direita e uma vela preta à frente da cumbuca.

Parei a dois metros do portal e fiquei observando. Tentava mentalmente ver sua origem, mas, até onde minha projeção mental chegava, apenas nuvens escuras, pretas e cinzas podiam ser vistas.

Poucas vezes eu havia me esforçado tanto para projetar minha visão mental, porém, nada de concreto se mostrava. E aquilo me deixava muito preocupado, pois era a garantia de que estávamos lidando com um senhor das trevas poderosíssimo.

Mentalmente, voltei a me comunicar com o Senhor Sete Covas:

"Meu irmão, nada consigo ver, nada posso distinguir. Creio que devemos permitir a instalação do caos aqui. Somente assim teremos acesso à origem de todos os problemas que vêm acometendo os trabalhos em sua casa."

"Isso é muito arriscado, irmão Exu Caveira! Pode ser que não consigamos controlar e, então, o fim de todos os trabalhos será aqui instaurado. E isso será algo muito difícil de explicarmos aos hierarcas diretos desta casa, o Senhor Exu Sete Covas e o Senhor Caboclo Pena Branca, porque eles deverão responder aos Orixás mantenedores da casa. E, certamente, cobrarão de mim."

Pensei por aproximadamente dois minutos. E, mentalmente, falei:

"Diga a eles que o senhor tem a garantia do Mistério Exu Caveira. Nós os atrairemos e daqui eu os levarei para o campo-santo".

"Se o amigo garante, eu confio".

O Senhor Exu Sete Covas parou de girar em torno do portal, desacoplando-se do seu médium, assim como meu irmão de Mistério, saindo do campo áurico de Josélio.

Não tardou para que três seres horrendos saíssem daquele portal, adentrando o ambiente de trabalho. Apontei meu cetro para eles, falando mentalmente:

"Alto lá, irmãos das trevas! Não façam nada agora".

Aquele que era o chefe, olhando-me firme nos olhos, mentalmente, falou:

"Não ouse tentar nos impedir, Exu Caveira! Agora que já ultrapassamos o portal, executaremos nosso trabalho."

"Não antes de você me dizer a quem serve e qual o propósito das investidas nesta casa."

Ele ameaçou dar um passo à frente. Projetei do meu cetro uma bola de fogo que voou até eles, espalhando-se em volta dos três, "amarrando-os" e impedindo-os de se moverem.

"Ou vocês me dizem o que preciso saber, ou ficarão envolvidos por esta onda ígnea até quando eu quiser."

"Não seja tolo, Exu Caveira! Podemos controlar este local daqui mesmo onde estamos, mentalmente."

Enquanto se dava o embate com aqueles espíritos bestializados, o Senhor Exu Sete Covas mantinha-se próximo ao seu médium, meu irmão de Mistério próximo a Josélio, os outros Exus e Pombagiras próximo aos seus médiuns. Estes estavam praticamente impedidos de trabalhar por conta do medo que acometia seus aparelhos humanos.

Em dado momento, eu me pus a observar aqueles seres à minha frente. Eram três homens que já deviam ter esquecido completamente da sua condição humana, pois ostentavam um tronco humano, mas seus braços e pernas mais pareciam patas de cachorro; suas cabeças tinham formato de cabeças de cachorro com olhar humano.

Orientado pelo Senhor Exu Sete Covas, o médium dirigente da casa falou algumas palavras aos presentes, tranquilizando-os. Depois, abriu os trabalhos.

Olhei para o chefe daquela quadrilha trevosa e disse mentalmente:

"Eu faço um acordo com vocês."

"Não posso acreditar em você, Exu Caveira!"

"Você verá agora que pode sim. Liberto-os e permito que trabalhem à vontade aqui dentro, porém, preciso saber a que senhor servem."

Ele sorriu e, ironicamente, perguntou-me:

"De onde vem tanta generosidade, Guardião da Luz? Você quer, por um acaso, aliar-se a nós?"

"Em hipótese alguma. Quero apenas fazer um acordo para, em seguida, ter com o seu Senhor"

"É uma senhora, Exu Caveira. Porém, proponho-lhe então que, após o trabalho consumado, eu lhe revele a quem servimos."

Sorri para ele. O Senhor Sete Covas, meu irmão de Mistério, todos os Exus e Pombagiras dos médiuns da casa, e até mesmo os Exus e Pombagiras daqueles que se encontravam na assistência entenderam minha estratégia.

Liberei aqueles três seres bestiais das amarras ígneas com um rápido movimento do meu cetro. Imediatamente, o médium dirigente incorporou o Senhor Sete Covas e meu irmão de Mistério acoplou-se auricamente a Josélio.

Na assistência, alguns Exus e Pombagiras incorporaram em seus tutelados. Aqueles que assim não fizeram colocaram-se à frente dos seus protegidos ostentando suas "armas rituais".

Os três seres bestiais correram de um lado para outro, mas não conseguiram ligação com nenhum encarnado ali presente.

Leia por "ligação" uma aproximação deles com algum dos encarnados, promovendo um elo entre esse espírito e o domínio trevoso ao qual serviam. Ou seja, a pessoa, mesmo ainda encarnada, seria escravizada pela senhora de domínio trevoso ao qual, mais tarde, o Senhor Exu Sete Covas e eu viríamos a (re)conhecer.

Atordoados, aqueles três homens-cão perceberam que não obteriam sucesso naquela empreitada, e, mais do que rapidamente, correram para o portal, a fim de retornarem aos seus "lares".

Com um rápido movimento do meu cetro, projetei fogo naquele portal, fechando-o em um instante. Eles ficaram apavorados; entreolharam-se.

Já estavam à volta deles todos os Exus e Pombagiras daquela casa, incorporados em seus médiuns.

Os assistentes que, atônitos, a tudo testemunhavam, sentiam que havia algo de errado naquela roda de Exus e Pombagiras em torno de um "vazio".

Nem mesmo os videntes ali presentes eram capazes de enxergar o que realmente acontecia.

Com permissão concedida pelo Senhor Sete Covas, aproximei-me de Josélio, peguei na mão do meu irmão de Mistério e fiz com que ele saísse e eu me acoplasse imediatamente ao médium.

Já sob meu controle, ele gargalhou, baforejou o charuto e, dirigindo-se aos assistentes, falou (eu falava em seu mental e ele repetia fidedignamente):

— Senhores e senhoras aqui presentes, Exu Caveira pede que não temam nada do que aqui está acontecendo. O que se passa nesta casa, neste momento, sob os olhos de vocês, é a limpeza definitiva de um mal para cá enviado. Tenham absoluta convicção de que, a partir de agora, os trabalhos aqui realizados, de Esquerda ou Direita, ocorrerão na paz do Sagrado Pai Oxalá e cumprirão com sua real função: a caridade e o encaminhamento de todos que esta casa procuram no Amor a Deus. Tenham Fé, pois, sem ela, nada é possível. E contem sempre com todos os trabalhadores desta casa. Eu sou Exu Caveira!

Gargalhei em tom alto, tendo esta gargalhada reproduzida por Josélio.

Imediatamente, o Senhor Sete Covas desacoplou-se do seu médium, deixando-o livre pra conduzir os trabalhos, organizando os atendimentos que seriam feitos pelos Exus e Pombagiras dos outros médiuns.

Estendi a mão ao meu irmão de mistério, desacoplando-me de Josélio e puxando-o imediatamente para o campo áurico do nosso tutelado.

Os três seres bestiais estavam entregues à própria sorte. Não estavam amarrados, poderiam fugir dali a qualquer momento, mas, sentiam-se enfraquecidos.

O Senhor Sete Covas e eu nos aproximamos deles. O Exu chefe da casa falou:

— Vocês, agora, poderão nos revelar quem é a chefe?

O chefe deles, o único que sempre se comunicava, disse:
– Eu não vou falar, nós vamos sair daqui e encontraremos uma forma de retornar. Saibam que estão em apuros. Ela os pegará e acabará com vocês de uma vez por todas.
– Não seja tolo, seu cão imundo! Veja em que estado se encontra. Olhe para si e seus companheiros! Você não tem condições de exigir qualquer coisa, nem mesmo de nos ameaçar. Vá embora, saia correndo por aquela porta – respondi.
Já ciente de que estava energeticamente fraco e sentindo-se subjugado por nós, perguntou:
– O que vão fazer conosco?
O Senhor Sete Covas e eu nos entreolhamos. Mentalmente, pedi autorização para falar. Ele me concedeu.
– Vocês vão conosco para o cemitério. Lá, veremos o que faremos, mas já podem se considerar entregues à Lei. Quanto à sua senhora, você se comunicará mentalmente com ela e dirá que nem pense em ousar atacar esta casa novamente. Fale a ela que esta casa está sob a tutela do Senhor Exu Sete Covas e de Exu Caveira.
Olhei para o Senhor Sete Covas e prossegui:
– Com a sua permissão, meu irmão, colocarei aqui nesta casa sete irmãos Exu Caveira, auxiliando na guarda deste local. Ponho dois na entrada e cinco no salão; assim, quero ver quem abrirá portais por aqui.
Olhei novamente para o ser bestial e continuei:
– E todos terão autorização para eliminar quem aqui adentrar, cão imundo! Vocês tiveram a sorte de sair ilesos. Os próximos serão reduzidos a ovoides assim que aqui penetrarem.
Ele abaixou a cabeça, visivelmente preocupado. Os outros, com seus olhares perdidos, pareciam hipnotizados.
Fiquei ao lado daqueles três até que o ritual acabasse.

Ao final, meu irmão de Mistério, o Senhor Exu Sete Covas e eu fizemos um triângulo em volta dos três, volitando* para o cemitério.

Lá, próximo à pedra em que faço meus trabalhos, reflexões e escritos, nos encontramos com uma Pombagira das Encruzilhadas do campo-santo, que, fitando aqueles seres, gargalhou e falou:

— Vocês conseguiram deter escravos daquela cadela?

E gargalhou novamente. Perguntei a ela:

— De quem fala, Pombagira deste cemitério?

— Ora, Exu Caveira, você não sabe? Memória curta a sua, não é mesmo?

Gargalhou novamente e volitou daquele local.

Sem nada entender, o Senhor Sete Covas e eu entreolhamo-nos. Àquela altura, o meu irmão de Mistério já havia se retirado e se encontrava ao lado de Josélio, promovendo sua guarda.

O Senhor Sete Covas perguntou-me:

— Amigo e irmão Exu Caveira, nós, servidores do Pai Omolu, sempre temos em nossas mãos esses casos bem "cabeludos". Você acha que será fácil chegarmos até essa mulher?

— Nada sempre é fácil, amigo Sete Covas, mas também nada é tão difícil que não consigamos desvendar.

Gargalhamos alto e nossas gargalhadas ecoaram pelo cemitério. Enquanto nos divertíamos, os três, à nossa frente, visivelmente cansados, esperavam pelo que os aguardava.

Olhei para eles e falei, ironicamente:

— Eu sou o seu anfitrião, senhores! Sou aquele que, a partir daqui, os encaminhará para o futuro que os aguarda. Daqui, do campo-santo, poderão escolher, servir à Lei ou encaminhar-se

---
* N.E.: Do verbo volitar; esvoaçar.

para algum domínio do Pai Omolu onde prestarão serviços bem pesados. O que preferem?

O chefe deles, com voz rouca, baixa e cansada, pediu:

— Senhor Exu Caveira, tenha clemência, não temos forças para reagir.

O Senhor Sete Covas respondeu:

— Os senhores podem ainda trilhar um caminho reto. Optem por servir a Deus, sempre é tempo!

— Não temos utilidade para Deus, meu senhor; somos bestas humanas!

— Deus não os vê com esses olhos, irmãos, mas sim com os olhos do Criador, amando todos os seres por Ele criados — falou o Senhor Sete Covas.

Pude ver lágrimas correndo pela face daquele ser. Porém, mantive minha postura de Guardião Exu Caveira e falei:

— Se quiser ainda servir à Lei, diga-nos quem é sua senhora, qual o seu domínio e quais as suas intenções.

Ele levantou a cabeça, olhou-me e falou:

— Nada mais tem valor para mim, Senhor Exu Caveira! Porém, como não tenho nada a ganhar nem perder, tomarei esta atitude como a última da minha existência. Depois, podem me jogar aos ratos, que lá ficarei até que meu fim chegue.

— Você não será jogado aos ratos! — exclamei. — Isto seria um fim muito bom para você. Ou serve à Lei a partir de agora, dizendo-nos quem é sua senhora, ou invado seu mental, subjugo-lhe, e terá o destino que o Mistério Exu Caveira determinar. É melhor que faça tudo de forma consciente.

Ele pensou por alguns instante, olhou para mim, em seguida para o Senhor Sete Covas, e, fixando o olhar naquele amigo Exu, desabafou:

— Ela queria chamar a sua atenção, Senhor Sete Covas, atraí-lo para o seu domínio e vingar-se.

– Não entendo do que está falando, irmão bestializado! – surpreendeu-se aquele Exu.

– Há incontáveis anos ela o persegue, esta é a verdade.

O Senhor Sete Covas indagou:

– Você está falando de...

Interrompi e falei:

– É quem eu estou pensando, meu irmão de batalhas?

Ele abaixou a cabeça, visivelmente entristecido, e concordou:

– É sim, meu irmão Exu Caveira, é ela mesmo. A Maga Rineshy, com quem me envolvi durante minha única encarnação, na Era Cristalina. Até hoje ela me persegue, sustenta o raciocínio de que devo a ela algo que nem eu sei o que é.

Falei:

– Em seu mental perturbado e deturpado, irmão Sete Covas, ela se sente abandonada e quer um acerto de contas.

– Mas ela não se negativou somente por conta disso, irmão Exu Caveira...

Interrompi-o novamente:

– Eu sei que não. Mas, você é um dos alvos dela. Entenda, para que esse suplício acabe (e eu falo do suplício dela), você terá de sacrificar-se. Vamos até o domínio dela, e lá tentaremos removê-la, trazê-la de volta aos caminhos da Lei.

De cabeça baixa, o Exu Sete Covas contestou:

– Acho esta possibilidade pouco provável, meu irmão!

– Mas precisamos tentar.

Olhei para os três seres bestializados e, dirigindo-me ao chefe deles, ordenei:

– Vocês nos levarão a ela.

– Ela acabará conosco, Senhor Exu Caveira!

– Os senhores, desde que não tentem nada contra nós, estarão amparados pela Lei, por dois Mistérios servidores do Pai Omolu; não há o que temer.

Naquele momento, ficou decidido que adentraríamos o domínio daquela senhora negativada, a qual promovia ataques ao centro de Umbanda chefiado por aquele mago, manifestador do Mistério Exu Sete Covas à Esquerda e, durante aquela encarnação do seu médium, do Mistério Caboclo Pena Branca.

Tínhamos plena consciência de que não seria uma tarefa fácil, porém, eu queria trazer aquela mulher e todos do seu domínio de volta à Lei, para que, mais uma vez, tivéssemos sucesso em nosso trabalho, contribuindo para a instalação da paz na Criação.

Sei que minha intenção pode parecer utópica, pois, enquanto invertemos o sentido de um domínio negativado, tantos outros estão naquele instante sendo abertos, mas este é o nosso trabalho incansável e, tenha certeza, caro leitor, dele nunca desistiremos.

No capítulo seguinte, relatarei nossa visita, mais amigável do que poderíamos imaginar, ao domínio daquela maga caída.

O Encaminhamento e um Novo Desafio

Volitamos até que chegássemos à porta daquele domínio trevoso.

O chefe dos seres bestiais, reconhecido pelos Guardiões do local, soube convencê-los de que ali estávamos a convite da senhora daquele domínio, que nos aguardava.

Quando nos aproximamos do seu trono, percebi que ela assustou-se, com olhar fixo no Senhor Sete Covas. Nunca imaginara que um dia ele estaria ali, à sua frente.

Tentando esconder o espanto que a acometeu, falou:

– O que fazem todos aqui em meu reino, escravo?

Ele se ajoelhou e falou:

– Minha senhora, insistiram, queriam falar... – gaguejou, titubeou, então prosseguiu: – queriam vê-la.

– Eu vou fulminá-lo, escravo! Você não poderia tê-los trazido aqui sem me avisar! Será o seu fim!

Ele permaneceu de joelhos e em silêncio, cabisbaixo. Os outros dois permaneciam um pouco afastados, atrás de todos nós, como se estivessem alheios a tudo.

Em momento algum ela se dirigiu a mim, evitava olhar-me. Fixou o olhar em seu desafeto e falou:

– Até que enfim você está em meus domínios! Jamais pude imaginar que nosso acerto de contas seria assim tão fácil!

– Se há algum acerto de contas, seu ou meu, a ser feito, mulher, é com a Lei de Deus! Desça desse trono e venha conosco.

Ela gargalhou sonoramente, e falou:

– Você não está em condições de ditar regras por aqui, meu querido! Você está preso em meus domínios.

– Não fale tamanha besteira, Rineshy! Você, querendo me atingir, tentou desestabilizar os trabalhos do centro que está sob minha tutela. Mas, meu irmão Exu Caveira e eu controlamos a situação. Nós prendemos seus escravos meio homens meio cães e os levamos para o campo-santo, onde soubemos tudo a seu respeito.

– Vou reduzir você e esta caveira humana a nada. Vou fazer o que faço com todos os homens que adentram meus domínios: vou transformá-los em cães. Porque é o que todos vocês homens merecem; são cães, verdadeiros cães!

Ela esbravejava e seu rosto se desfigurava.

Era uma bela mulher, visivelmente negativada, com o corpo cheio de manchas pretas, mas seu rosto permanecia belo e intacto. Seminua, usava uma saia vermelha e não se vestia da cintura para cima.

Ela deu uma chicotada ao chão e berrou:

– Meninas!

Numa fração de segundos, apareceram cinco mulheres horrendas que, e, assim como aqueles homens, possuíam formas meio humana meio caninas.

Ela ordenou:

– Levem este traidor, quero que o prendam, pois vou executá-lo pessoalmente assim que me livrar destes dois invasores.

O chefe daquela expedição malsucedida ao terreiro do Senhor Sete Covas continuava ajoelhado à sua frente.

Antes que suas escravas se aproximassem, apontei o meu cetro na direção dele, projetando à sua volta uma onda ígnea. Com a mão esquerda, fiquei sustentando-a com o cetro, enquanto falava com a senhora daquele domínio:

– Não ouse encostar nele, maga caída! Se ele tem contas para acertar, será com a Lei! Assim como você, sairá daqui conosco e será encaminhada aos domínios do Divino Omolu.

– O senhor não fará isso, Exu Caveira!

– Já estou fazendo, mulher sustentada pela ignorância em todos os sentidos!

Com a mão direita, retirei minha capa, desnudando-me, rodei-a sete vezes sobre minha cabeça no sentido horário e a joguei na direção daquela mulher, que foi imediatamente atingida pela minha vestimenta mágica, caindo de joelhos e, em seguida, deitada em frente ao seu trono.

Ainda com a mão direita, fiz mais um movimento mágico e, numa fração de segundos, ela foi parar nos braços do Senhor Sete Covas, que balançou, quase caindo para trás.

E num terceiro movimento mágico, trouxe minha capa de volta, vestindo-a imediatamente.

O Senhor Sete Covas observava-a, seminua, em seus braços e adormecida. Seu olhar transmitia amor a ela.

Falei a ele:

– Amigo Sete Covas, penso que é hora deste seu acerto de contas. Vamos levar todos que aqui se encontram para o campo-santo. Lá, serão encaminhados à Lei, que decidirá o que fazer com cada um.

Num movimento mágico do meu cetro, envolvi todos ali presentes e volitamos para o cemitério.

Lá nos encaminhamos para um salão onde nos aguardava um emissário do Senhor Ogum Naruê, o Senhor Guardião Exu Tranca Ruas das Almas, que nos recebeu com um largo sorriso no rosto e foi logo falando:

— Irmão Sete Covas, irmão Exu Caveira, há algum tempo aguardava por esta senhora de domínio negativo. Saiba que, por demais, ela se envolveu com meus trabalhos. Tentou atingir alguns dos meus protegidos. Há muito ela vem desafiando os Mistérios do campo-santo. Há uma ordem expressa do Senhor Xangô das Almas para que ela seja submetida a uma avaliação, a fim de, em seguida, ser encaminhada ao Senhor Ogum Naruê.

Olhei para ele e perguntei:

— Já tem uma ideia do que pretendem fazer com ela, Senhor Tranca Ruas das Almas?

— Eu acredito que ela deva ser encaminhada a um domínio negativo da Lei, onde terá sua consciência transmutada.

— E o senhor acha que isso a fará acordar, caro irmão?

— Não sei, honestamente, irmão Exu Caveira, mas sei que parte dessa sentença, seja qual for, deverá ser executada pelo Senhor Exu Sete Covas aqui presente.

O Senhor Sete Covas baixou a cabeça, visivelmente abalado. Levantou-a novamente e falou:

— Eu assumo minha parcela de culpa na negativação dessa irmã, Senhor Tranca Ruas das Almas! Se ela optou pela via errada, também foi porque eu a abandonei, e, em seguida, tentei usar de pseudopoderes para aniquilá-la. Tenho consciência de que ela se negativou por conta do amor que nutria por mim e da decepção para comigo. Talvez por isso ela tenha, ao longo dos tempos, alimentado um ódio tão grande pelos homens, transformando em cães todos os que sucumbiam aos seus domínios.

Eu intervi e falei:

– Irmão Sete Covas, você não é o único culpado. Por mais que ela tenha sido enganada e quase morta por você, ainda assim, optou pelo caminho do ódio e da ignorância. Acabou atingindo inocentes porque não conseguia atingi-lo e, assim, achava que aplacaria o ódio que só fazia aumentar em seu íntimo. Agora, você deve estar à disposição da Lei para que possa, da melhor forma, auxiliá-la em seu recomeço.

Meu amigo Sete Covas ficou ali, quieto, pensando em tudo o que acontecera.

O Senhor Tranca Ruas das Almas encaminhou a maga caída e todos os seus asseclas e retirou-se.

Já amanhecia e eu estava sentado à pedra no campo-santo, meditando. Olhei para o sol, que nascia. Senti que precisava banhar-me nos raios da Fé. Coloquei-me em posição de lótus, com as mãos sobre os joelhos com as palmas elevadas para o Alto, e fiz a seguinte oração:

"Divino Pai Oxalá, peço que me banhe com seus Raios Divinos, para que eu possa me reabastecer com suas chamas douradas de Fé e Justiça, para prosseguir na minha caminhada de Soldado da Criação de Deus, em prol da Lei Maior e da Justiça Divina. E que eu tenha sempre o seu amparo e direcionamento, meu Senhor da Fé."

Assim que encerrei a oração, uma voz rouca masculina chamou-me a atenção:

– Bela oração, Senhor Exu Caveira!

Abri os olhos e vi aquele Preto-Velho à minha frente, apoiado em seu cajado marrom. Ele me olhou profundamente, como quem me estudava, e falou:

– Amigo Guardião cósmico do Sétimo Sentido da Vida, percebo que tem andado muito atarefado. A movimentação por aqui é grande e o senhor tem sido muito requisitado para a labuta, não é mesmo?

– É assim mesmo que tem sido, Pai José das Almas!

– Então, meu irmão Guardião, eu venho aqui para dizer que gostaria muito de contar com seus préstimos.

– Como posso lhe ser útil, meu senhor?

– Meu tutelado, senhor Exu Caveira, tem tido problemas. Além de seus carmas pessoais, está caindo na bebida e até algumas drogas já andou experimentando.

– Compreendo, amado Preto-Velho, mas lhe pergunto: quem tem sua tutela à Esquerda?

– Bem, amado Exu Caveira, este é um assunto por demais delicado. O Exu que o acompanha foi preso, recentemente, em um domínio negativo porque não recebia dele o que necessitava para o trabalho. Este meu menino assentou sempre sua Senhora Pombagira e deixava seu Exu de lado. Assim, em um embate, o Senhor Exu que o acompanha acabou sendo preso. E esta é também uma ajuda que venho pedir ao senhor, que me ajude a libertar este Guardião.

– Eu o ajudarei, Senhor Pai José das Almas!

– Senhor Exu Caveira, já conhecedor do seu poderoso mistério, ousei pedir, no último trabalho em que me manifestei, que seu companheiro, o qual reside no mesmo lar que meu menino, na próxima sexta-feira de Lua Minguante, assente na porta deste cemitério os elementos mágicos de que necessita para esta empreitada.

– Fez bem, meu senhor!

Despedi-me daquele Preto-Velho, sabendo que o encontraria à porta do campo-santo em poucos dias.

Algumas horas mais tarde, voltei ao salão onde havíamos entregue a maga caída ao Senhor Tranca Ruas das Almas. Lá, encontrava-se o Senhor Sete Covas, cabisbaixo e preocupado.

Falei:
– Amigo Sete Covas, ainda se encontra aqui?
– Enquanto eu não tiver notícias dela, daqui não saio, amigo Exu Caveira.
– Compreendo sua aflição. Porém, afirmo-lhe: a sentença a ela emitida será uma surpresa para o Senhor
– Será?
– Espere e verá.

Em seguida, o Senhor Tranca Ruas das Almas adentrou o salão, sorridente, saudando-nos.

Pedi a ele que conversasse comigo em particular por alguns minutos. Fui prontamente atendido. O Senhor Sete Covas retirou-se do salão.

– Amigo Tranca Ruas das Almas, acho que posso sugerir uma boa solução para o caso desta maga caída devedora da Lei.
– Exponha-me sua ideia, amigo Exu Caveira!
– Fui procurado ainda hoje pelo Senhor Preto-Velho Pai José das Almas! Vou auxiliá-lo no caso de seu tutelado que está com problemas espirituais e tem sido constantemente abordado, eu diria assim, pelo astral negativo. Então, pensei que, tendo esta senhora sob a sua custódia, até que seja decidido qual será o seu destino, por que não a devolvemos ao seu domínio para que use-o em benefício da Lei? Assim sendo, já teríamos (após esta minha empreitada ao lado de Pai José das Almas) os primeiros espíritos para, sob a tutela dela, reformarem-se perante a Lei, facultando também, com isso, que ela se reforme perante a Lei.

O Senhor Tranca Ruas das Almas ficou pensativo por alguns instantes, olhou-me e falou:

– Gosto da ideia, Senhor Exu Caveira! Vou sugerir ao Senhor Ogum Naruê que, juntamente com a Senhora Iansã das Almas e o Pai Xangô das Almas, com o veto ou aprovação do Pai Omolu, decidam o destino dessa mulher. Mas saiba que sou um entusiasta da sua ideia e irei defendê-la com toda a convicção que me for possível.

– Fico feliz, irmão de jornada!

Gargalhamos juntos. Ele voltou aos seus afazeres.

Na porta do salão, encontrava-se o Senhor Sete Covas curioso. Olhei para ele e falei:

– Sei bem como se sente, amigo!

– Pois é, irmão Exu Caveira, nós, Guardiões, sempre habituados a lidar como agentes da Lei nos casos alheios, quando fazemos parte da história, nos sentimos de mãos atadas, sem saber o que fazer.

– Porque todos somos espíritos humanos, irmão Sete Covas! Se hoje servimos a Deus, lá no passado, mesmo que distante, nos desviamos e acabamos nos endividando com a Lei. Mas, de qualquer modo, cá estamos de alguma forma neste momento servindo ao Pai. Antes tarde do que nunca, não é mesmo?

Ele sacudiu a cabeça afirmativamente, concordando comigo.

Ao anoitecer, encontrei Pai José das Almas e fomos até a casa do seu tutelado. A situação naquele local era caótica.

Aquele homem, com conexões mentais equivocadas, direcionadas pela vaidade, acabou deixando-se levar por espíritos trevosos que faziam de tudo para conectá-lo com seus domínios negativos. Só não haviam conseguido ainda, de fato, graças ao amparo daquele Senhor Preto-Velho que usava dos seus recursos magísticos na sua defesa.

Porém, apenas defendê-lo não estava mais surtindo tão bons resultados, e o Senhor Pai José das Almas viu a necessidade de contra-atacar, a fim de resolver de vez aquela questão. E, por isso, me chamou.

Caminhamos pela casa, que era uma construção antiga, bem conservada, com cômodos espaçosos. Seu companheiro, também médium, encontrava-se na sala e sentiu nossa presença.

Imediatamente, aproximou-se dele sua Pombagira, que sorriu para nós e falou:

— Ele sabe que estamos aqui — e emitiu uma irradiação telepática a ele, dizendo:

— Estamos todos aqui, não se preocupe. Hoje, começaremos a resolver as questões que incomodam seu companheiro. Mas, é necessário que você faça sua parte. Converse muito com ele e não deixe de, amanhã à noite, na porta do cemitério, colocar a oferenda ritual solicitada pelo Preto-Velho. E ofereça-a ao Mistério do Senhor Exu Caveira, pois ele estará à frente deste embate.

Aquele homem ouvia tudo, sacudindo a cabeça afirmativa e suavemente.

Ela sorriu para nós. Voltamos a caminhar pela casa.

No quarto, lá estava o tutelado de Pai José das Almas. Encontrava-se fisicamente magro e abatido. Em seu corpo espiritual, era visível o bloqueio dos seus chacras, que se encontravam tomados por energias escuras. Respirava com dificuldade, enquanto dormia.

Pai José e eu aproximamo-nos dele.

Ao seu lado, encontrava-se sua Pombagira, que, ao nos ver, saudou-nos e falou:

– Ele está sentindo que algo acontecerá. Está preocupado. Seu companheiro já falou a ele que fará um trabalho magístico para resolver esta situação dele. Mas, sinceramente, meus senhores, não sei como ele ficará, pois não consegue se livrar das mazelas da vaidade.

Olhei para ela, para Pai José, pedindo-lhe mentalmente autorização para falar, a qual me foi concedida, e disse:

– Ela não se aceita neste corpo masculino nesta vida, meu senhor e minha senhora. Todos sabemos disso. Sofre pelo fato de, por uma sentença da Justiça do Pai, imediatamente executada pela Lei, ter vindo à carne como homem. Isto lhe faz sofrer muito, já posso perceber.

Pai José falou:

– O senhor tem plena razão, Senhor Exu Caveira. Por isso, assumi a guarda dela de uns tempos para cá. Desde que foi minha neta, em Angola, e depois separados quando fomos trazidos para o Brasil, eu nutro por ela um enorme amor. Nossos encontros sempre foram bons, senhor Exu Caveira; por três vezes nos encontramos na África. Nas duas primeiras nos enamoramos e casamos, e na última, que foi minha última encarnação, convivi com ela durante a infância, até que nos separamos. Hoje, quero muito vê-la feliz, e me faz sofrer o seu sofrimento.

A Pombagira, em silêncio, tudo ouvia e assistia.

Eu falei:

– Meu bom Preto-Velho, estamos aqui para resolver esta questão. Talvez não consigamos dar a ela a felicidade plena enquanto estiver neste corpo masculino, porque, todos sabemos, só ela poderá conquistá-la. Mas, pelo menos, vamos livrá-la dessas falanges negativas que a tentam cooptá-la.

– É tudo o que eu mais quero, amado irmão Exu Caveira!

O Encaminhamento e um Novo Desafio

Senti uma presença negativa naquele ambiente. Olhei para a porta do quarto e vi um ser horrendo, com corpo humano e três cabeças de dinossauro.

Mentalmente, ele falou:

– Vocês não nos impedirão de levá-la conosco. Há muito ela nos pertence.

Olhando firmemente em seus vários olhos, falei:

– Você não tem direito algum sobre ela. Ela pertence a Deus e somente a Ele ela responderá.

– Ela nos deve, nós a levaremos e a trataremos como merece.

– Não esteja certo disso, ser desumanizado!

Ele deu um passo à frente. A Pombagira colocou-se à frente da cama, rodou sua saia, dando uma enorme gargalhada. As feições daquela guardiã se transformaram naquele momento. Seu rosto, por instantes, tomou formas "demoníacas", o que fez com que o ser desumanizado desse passos para trás.

Pai José das Almas a tudo assistia, imóvel.

Eu observava o que ali se passava.

Aquele ser desapareceu dali prometendo voltar para levar aquele espírito para os seus domínios.

Pai José das Almas, dirigindo-se à Pombagira, falou:

– Muito bom trabalho, senhora Pombagira Dama da Noite!

– Preocupa-me quando ela está fora daqui, no trabalho, ou em bares bebendo, ou até mesmo consumindo drogas, Pai José! Aqui nesta casa conseguimos controlar a situação, e temos também o auxílio dos Guardiões e Guardiãs do companheiro dela, mas precisamos resolver logo esta questão – respondeu a Pombagira.

Falei:

– Estou aqui exatamente para isto, senhora Dama da Noite!

– Fico muito feliz com isso, Senhor Exu Caveira! – agradece a Guardiã.

Amanhã à noite, estaremos à porta do campo-santo, aguardando a oferenda ritual que o companheiro de sua protegida, que se encontra momentaneamente em um corpo masculino, levará, a fim de termos condições de anular a atuação destes seres que querem levá-la.

Antes de prosseguir com o relato, quero deixar claro aqui que, quando um Guardião ou Guardiã à Esquerda de um encarnado, ou até mesmo um Guia da Direita, solicita firmezas, assentamentos ou oferendas rituais, só o faz para que tenha em suas mãos Poderes Divinos que possam ser manipulados em benefício de vocês, encarnados.

Nós não comemos, não bebemos, não nos alimentamos da mesma forma que vocês, viventes no plano material da vida humana. Tão somente solicitamos tais elementos para que possamos extrair suas essências, usando-as de forma magística em benefício da saúde espiritual, material e até muitas vezes no combate às forças negativas que vocês mesmos fazem o favor de atrair, antes de correrem para nós, guias da Lei, pedindo socorro.

No dia seguinte, fui chamado pelo Senhor Tranca Ruas das Almas. Rapidamente, encontrava-me à frente dele no salão. O Senhor Sete Covas, muito apreensivo, também havia sido chamado e lá estava. O Senhor Tranca Ruas falou:

– Senhor Exu Caveira, seu pedido foi avaliado pelos Senhores Orixás e, saiba, foi aceito com muita alegria e simpatia por eles.

O Senhor Sete Covas não compreendia o que estava acontecendo. O Senhor Tranca Ruas olhou para ele e continuou:

– Senhor Exu Sete Covas, o irmão Exu Caveira propôs que transformemos o domínio de sua amada em um local servidor da Lei, reparador de espíritos viciados. É preciso que saiba que ela é simpática à ideia. Nestes últimos dias, acompanhada por uma maga servidora da Senhora Iansã das Almas, passou por alguns pontos aqui do campo-santo. Foi esclarecida em muitas coisas. Saiba também que o fato de o senhor ter ido ao domínio dela contribuiu bastante para esta reforma. Ela tem se mostrado arrependida de tudo o que fez e está disposta a reparar trabalhando.

O Senhor Sete Covas sorriu, tentou falar mas não conseguia. Eu disse a ele:

— Emocione-se, irmão, não tenha vergonha!

Lágrimas correram pela sua face. O Senhor Tranca Ruas das Almas prosseguiu:

— Porém, quero que saiba também que o senhor será o Guardião responsável por este domínio. Se ela estiver lá o tempo todo recebendo os que para lá serão encaminhados, o senhor será o Guardião que trará ao campo-santo os relatórios do desempenho dela. Qualquer deslize, é preciso que saiba, resultará na queda de todos, inclusive do Senhor!

Resignado, o Senhor Sete Covas falou:

— Tenho plena consciência disso e lhe garanto que tudo ocorrerá dentro dos ditames da Lei, Senhor Tranca Ruas das Almas!

O Senhor Tranca Ruas sorriu e falou:

— Hoje à noite, o Senhor Exu Caveira participará de uma missão que já encaminhará os primeiros seres devedores da Lei para seus domínios, Senhor Sete Covas.

Despediu-se e retirou-se do salão. O Senhor Sete Covas olhou-me e exclamou:

— Estarei ao seu lado esta noite, irmão Exu Caveira!

— À meia-noite, na porta do cemitério, irmão!

Despedimo-nos. Saí daquele salão certo de que mais uma tarefa seria bem-sucedida.

Naquela noite, no horário marcado, à porta do cemitério, o companheiro do tutelado de Pai José das Almas encontrava-se realizando a oferenda.

Do lado etérico, além de mim, Pai José e Senhor Sete Covas, encontrava-se também a Sra. Dama da Noite, muito sorridente pela concretização do trabalho, além da Pombagira daquele homem que ali ofertava os elementos necessários para o trabalho magístico.

Não entrarei em detalhes ritualísticos, mas deixarei aqui registrado que ele abriu um pequeno espaço mágico triangular à porta do cemtério com pó de pemba preta, polarizando aquele espaço com três velas pretas, jogando cachaça ao redor do triângulo. Em seguida, colocou no centro do espaço um pedaço de algodão, pólvora, riscando-a e fazendo as evocações mágicas, conforme havia sido orientado por Pai José.

Não tardou para que dentro daquele espaço surgisse, amarrado por ondas ígneas densas, aquele ser de três cabeças que aparecera na noite anterior, na residência em que me encontrava.

Olhei para ele, gargalhei muito alto e falei:

— Você e toda a sua legião de desumanizados darão um breve passeio comigo agora, companheiro!

Estiquei meu cetro com a mão esquerda, apontando-o para ele. O Senhor Sete Covas, com um movimento de sua capa, fez surgir um caixão à sua frente.

Com o cetro, joguei aquele ser no caixão, que foi fechado imediatamente pelo Senhor Sete Covas. Assim que ele foi colocado no caixão ali projetado por aquele Exu, outros seres de sua legião foram saindo daquele espaço mágico e jogados por mim em outros caixões projetados pelo Senhor Sete Covas.

Foram 32 caixões projetados por ele, porque 32 foram os seres por nós capturados com aquela simples magia.

Ao final, conseguimos, com o auxílio daquela magia manipulada pelo irmão encarnado, também resgatar a partir daquele espaço o Guardião que lá estava preso.

Ele, muito feliz e sorridente, olhou para mim e falou:

– Consegui me manter imune dos ataques desses seres monstruosos lá embaixo, usando os meus recursos magísticos. Porém, agradeço por me terem resgatado, irmão Exu Caveira.

– Estamos na mesma luta, caro irmão, servindo à Criação de Deus.

Ele realmente estava com seu corpo espiritual intacto. Obviamente, não revelarei aqui seu nome simbólico, para que não haja deturpações por parte do amigo leitor.

Àquela altura, o irmão encarnado já havia se retirado e nós continuávamos ali, executando nossa tarefa.

Com todos já colocados nos caixões projetados pelo Senhor Sete Covas, nós dois, além do irmão Guardião recém-resgatado, da Senhora Dama da Noite e de Pai José, juntos, usamos dos nossos recursos mágicos para encaminhar todos ao seu domínio de destino.

Quando lá chegamos, Rineshy nos aguardava ansiosamente.

Fiquei espantado ao vê-la. Assumira uma forma egípcia, que havia sido a da sua última encarnação.

Apesar de ansiosa, recebeu-nos sorridente. O Senhor Sete Covas aproximou-se dela e abraçou-a. Choraram copiosamente abraçados, pedindo perdão um ao outro e prometendo mutuamente que, dali em diante, seriam fiéis companheiros de jornada.

Naquele momento, instalava-se nas trevas da ignorância humana mais um domínio a serviço da Lei de Deus. E isso me deixava extremamente feliz.

Hoje, todo o trabalho realizado no terreiro, seja pelo Exu Sete Covas ou pelo Caboclo Pena Branca, quando se trata de desobsessão ou encaminhamento de espíritos negativados, é feito e encaminhado diretamente para os domínios daquela maga que, se um dia foi uma caída, hoje é uma servidora da Lei nas faixas vibratórias negativas.

E aquele centro de Umbanda, que já foi alvo de ataques daquela maga e de todos em seus domínios, hoje tem nela e no seu domínio o polo negativo sustentador dos trabalhos espirituais da casa.

Bem, quanto a Josélio, o médium amparado pelo Mistério Exu Caveira, continua trabalhando firmemente naquele terreiro. E, posso garantir, de modo bem mais desenvolto agora.

Primeiro Comentário do Senhor Exu Caveira

Há momentos em que o ser humano age sem pensar, nem tenta, ao menos, avaliar suas atitudes.

São tantos os erros cometidos na ânsia de suprir suas necessidades que, em pouco tempo, encontra-se atolado em dívidas com a Lei.

Ora, a Lei tudo vê. Nada escapa dos seus olhos atentos.

A evolução no plano material é uma oportunidade ímpar, se bem compreendida e aproveitada pelos espíritos humanos.

Porém, a negativação adquirida no ciclo reencarnatório atrai o ser a faixas tão densas, mas tão densas, que, em alguns casos, mal consegue se mover, mal consegue pensar.

Tudo porque as trevas não são o castigo apregoado pelos cristãos. Não, nada disso! Elas são o resultado obtido em um cálculo matemático durante uma ou muitas encarnações.

É como se o ser, com uma faca, arrancasse um dos dedos da mão e depois culpasse o Demônio.

Ora, caro leitor, o tão famoso Demônio foi criado pelo próprio ser humano. E, como já escrevi em outra oportunidade, tem seu inferno pessoal pendurado ao pescoço de quem o cria. Então, quem criou o personagem que assuma a obra, não é mesmo?

Talvez você estranhe este meu comentário, considere-o duro, bruto, rude ou cruel.

Pois lhe digo: nada mais é do que um comentário realista. Duras, brutas, rudes ou cruéis têm sido as atitudes dos espíritos humanos ao longo dos tempos.

É hora de nos avaliarmos intimamente e jogarmos no lixo o "coitadismo". Chega! Ninguém é mais culpado pelo caos que passa o plano material do que o ser humano.

Deus não tem nada a ver com isso. Ele nos presenteou com uma obra de arte, que é este pedaço da Criação onde vivemos (falo da dimensão humana como um todo, onde o plano material é só uma parte). E nós, sim, ao longo dos tempos, fizemos um péssimo uso desta obra de arte.

E o Demônio passa a ter algo a ver com isso, quando habita o íntimo, justamente daqueles que berram aos quatro cantos a sua existência. Estes sim, muitas vezes, são os autores de obras demoníacas.

No relato que antecedeu este meu comentário, você pôde perceber que a negativação dos sentidos do ser humano se dá, invariavelmente, pelo desencontro do espírito com a humildade, que é a maior garantia que um ser pode ter de felicidade real e plena; e do seu encontro com a vaidade, instrumento essencial no caminho que leva ao reino das ilusões.

Espíritos iludidos no plano material e nas trevas, tenha certeza, é o que não falta!

Preconceitos, tabus, mitos e vaidades. Jogue tudo na mesma fogueira e viva... Depois, veja onde tudo acabará.

Alguns pontos relatados nestes dois primeiros capítulos, tenho certeza, deixarão alguns boquiabertos, como, por exemplo, o fato de uma obra literária umbandista mostrar um casal de homens que vivem juntos, ou, até mesmo, de um espírito feminino que, por algum motivo, assim foi determinado pela Lei, reencarnou num corpo masculino.

Primeiramente, preciso deixar claro aqui, que uma das funções deste médium psicógrafo, em sua missão aqui no plano material, é esfregar na cara de muitos os seus preconceitos. Nós, guias espirituais que o amparamos, estamos imbuídos em colocar todos em frente ao espelho do preconceito, para que se avaliem, porque o preconceito é uma das principais ervas daninhas (se não for a principal) que assolam o plano material.

O preconceito é um braço armado da ignorância, que leva os seres humanos a se segregarem. E o que Deus mais quer é ver seus filhos unidos em torno de um objetivo único que é expandir a Sua Criação.

Antes de julgar ou preconceber atitudes ou vidas alheias, não seria mais fácil procurar os seus erros e vícios?

E alguém diz: "Ah, mas os meus não são nos campos da sexualidade".

E eu rebato: "Mas são, ainda assim, erros e vícios".

Quando o Mestre Maior, Jesus Cristo, falou: "Quem não tiver pecados, que atire a primeira pedra", tenha certeza, caro leitor, ele não estava "setorizando" as falhas humanas, ao contrário, estava colocando-as todas no mesmo saco.

Então, para que seja feita uma análise apurada, sem manchas, do caso aqui descrito, basta trazê-lo para a vida, para a rotina de cada um que a leu.

Quem nunca teve bloqueios emocionais? Quem nunca esteve, ainda encarnado, muito próximo de seres desumanizados?

Pense nas atitudes impensadas já tomadas, pense no que já fez motivado pelo orgulho, pela vaidade. Pense na ilusão que o consome todos os dias a partir dos meios de comunicação. Pense nas suas atitudes para com seus irmãos e para com a Mãe Natureza.

Isto já é suficiente para que, a partir dessa reflexão, cada ser humano trilhe a mais inteligente das vias, que é a da humildade.

Outros casos tantos eu poderia relatar e teríamos um livro, se bem resumido, de 10 mil páginas.

Porém, neste livro tão extenso, tudo se repetiria, porque, invariavelmente, a negativação do ser humano passa pela falta de humildade, orgulho, vaidade, arrogância e um gosto ímpar pela ilusão.

Muitos poderão encerrar a leitura deste livro por aqui. Meu comentário poderá incomodar algumas pessoas. Mas, se você, neste instante, está pensando em fechar este compêndio e não mais lê-lo, então, eu peço: volte-se para o seu íntimo e reflita, de verdade, a fim de descobrir quem é você neste momento.

Descubra-se, recue e volte a trilhar o caminho correto, o do Amor Divino. Um dia, tenha certeza, você já esteve trilhando por esta senda.

Volte, nunca é tarde!

Poderá, a partir deste recuo e retorno a esta trilha, encontrar a verdadeira e única felicidade. Aquela que nunca o levará ao sofrimento ao qual a ilusão o levará, invariavelmente.

Este meu comentário não é seco, bruto, cruel, como pode parecer para alguns, é apenas direto.

E direto ele é para que você se volte para o seu íntimo, reflita e questione-se: *"Quem sou eu hoje, quem fui um dia, quem tenho sido ao longo dos tempos, quem eu quero ser daqui para a frente?".*

Pense-se e repense-se... E encontre o caminho que leva ao Amor Divino, de volta aos braços de Deus. Reencontre-o por intermédio da Mãe Natureza, preserve-a, salve este pedaço belíssimo da Criação onde vive, ainda há tempo!

Tenha plena consciência de que Deus está na Natureza, ela é Ele Vivo entre nós, conscientize-se de que destruir a Natureza é destruir a Sua Criação, é destruí-Lo.

Seu primeiro movimento neste recuo onde reencontrará a humildade, para que possa de fato retornar aos braços d'Ele, pode ser um banho de mar, de cachoeira, rio ou lago, ou, até mesmo, um abraço amoroso em uma árvore.

Sinta o amor que receberá de Deus a partir daí. E saberá por que insisto tanto em mostrar as trevas em meus relatos.

Se as mostro, sugiro agora que encontre Deus, onde ele realmente está, na Natureza.

Faça isso e um dia, em sua jornada imortal, lembrará que em uma de suas tantas encarnações leu este livro e, a partir dele, passou a trilhar um caminho de felicidade.

Mas, não faça isso sem olhar para trás, não faça isso sem olhar para baixo, porque é lá embaixo que estão todos os nossos irmãos. Muitos, inclusive, ligados a você, caro leitor, com suas mãos machucadas estendidas, aguardando que alguém os tire de lá.

E por que você não faz isso?

Enquanto você reflete, vamos ao próximo relato...

Perdendo-se do Amor e Sucumbindo na Ignorância

Quando vivi no Egito Antigo, envolvi-me com uma mulher que, logo após, se tornaria minha protegida.

Ela teve várias encarnações após esta em que convivemos e nos enamoramos. E sua última caminhada no plano material se deu no século XVIII, na Inglaterra.

Lá, ela pôde vivenciar inúmeras experiências. E ficou marcada, fundamentalmente, pelas negativas.

Mulher de origem cigana, sempre divergiu de mim, quando juntos convivemos encarnados, no que se refere ao modo de vida.

Queria ela rodar pelo mundo, ao contrário de mim, que desejava fincar raízes num determinado lugar e de lá não mais sair. Hoje, porém, rodo pelas várias faixas vibratórias da dimensão humana, viajando como nunca imaginara um dia.

Mas a senda evolutiva é assim mesmo, acabamos, em dado momento, descobrindo características em nós adormecidas. E esse adormecimento se dá, com certeza, na maioria das vezes, por conta do banho de ilusão que tomamos quando encarnados.

Voltando ao relato, na última encarnação dessa mulher que aqui chamarei de Sabrina, estive à frente da sua guarda à Esquerda. E garanto que não foi nada fácil.

Seu temperamento forte fez com que não ouvisse aqueles que a protegiam e, baseada em muitas das suas ideias equivocadas, acabou trilhando um caminho que veio a lhe custar muito caro após seu desencarne.

E pouco eu pude fazer, a não ser cumprir a Lei e encaminhá-la para a faixa vibratória afim ao seu estado consciencial naquele momento.

Ao longo das suas encarnações, foi entregando-se à vaidade e à ilusão, dois competentes e eficazes agentes da negatividade.

A densidade e a sutileza estão em nós, portanto, o dito inferno tão mencionado por muitos religiosos (especialmente, os mercantilistas), nada mais é, como já citei em outros momentos, que uma projeção mental do ser humano.

E se, na essência, somos todos seres mentais (porque assim fomos feitos por Deus, nosso Pai), então, nada mais óbvio que nos projetarmos, criando à nossa volta aquilo que nos é confortável (seja real ou aparentemente).

Na encarnação de Sabrina na Inglaterra, a qual foi a sua última, duas vias se apresentaram para que ela optasse por seguir – apenas duas, de modo simples e nada além disso – trabalhar servindo a Deus por meio da magia e levando os semelhantes que a ela chegassem à conexão com o Pai Maior por meio da Natureza, ou usando da magia e dos elementos naturais para cristalizar sua ligação com o embaixo.

Pois, conto agora aqui que não bastou mais do que alguns meses tentando trilhar a via, por intermédio da primeira opção, para, rapidamente, desviar-se do caminho correto para o da ilusão, da alimentação do ego e nutrição da vaidade.

Praticou aberrações, se é que assim se pode dizer, utilizando-se dos recursos magísticos que adquiriu e aprendeu (alguns se apresentavam a partir da sua memória ancestral, como intuição; outros aprendeu ao longo dessa sua última etapa no plano material).

Não demorou muito para que eu me afastasse dela, dando alguns passos para trás, observando-a de longe, e, a partir de então, deixando que trilhasse o caminho por ela escolhido.

Sei que haverá alguém que criticará esta minha atitude.

Ora, todo ser humano, encarnado ou desencarnado, é dotado de livre-arbítrio.

Eu sou um Guardião Cósmico do Sétimo Sentido da Vida, um agente da Lei Maior. Não foram poucas as vezes que tentei mostrar o caminho correto a ela, que, cega e surda, não mais me via ou ouvia.

Em várias das suas encarnações e, inclusive, na infância e adolescência da sua última jornada material, teve contato muito próximo comigo por meio da intuição, da clariaudiência e da clarividência.

Mas, quando optou pelo caminho contrário ao que leva a Deus, ela, sim, acabou afastando-se de mim.

É preciso entender que nós, os guias espirituais de Lei, da Luz, tanto da Direita quanto da Esquerda, nunca abandonamos nossos protegidos e tutelados. Eles, sim, afastam-se de nós exercendo o seu legítimo direito do livre-arbítrio.

Pois, quando Sabrina optou por trilhar esta tortuosa estrada, passei a observá-la de longe, porque sabia, mais dia, menos dia, que nos depararíamos novamente.

Pude perceber que se aproximou dela um mago trevoso, fazendo-se passar por mim e orientando-a a afundar-se cada vez mais na lama da negatividade.

Acontece que ela, banhada em vaidade, iludida e com seu ego inflado, achando-se por demais sábia, mas, em verdade, manifestando uma enorme ignorância, acabou sendo guiada por esse mago das faixas vibratórias negativas, o que contribuiu por demais para a sua queda vertiginosa.

Ela facilitava muito o trabalho desse senhor que se colocou ao seu lado apenas para executar o golpe final e levá-la para os seus domínios.

Ele não a orientava magisticamente, apenas influenciava-a com pensamentos maléficos, mas, tudo o que ela fazia, executava, em suas magias, eram ideias suas, mesmo que achasse, naquele momento, estar intuída por "mim".

Morreu doente, envelhecida (apesar de ser ainda relativamente jovem, pois faleceu aos 42 anos) e praticamente abandonada por todos.

Foi imediatamente encaminhada ao domínio trevoso daquele que não só a aguardava, como contribuíra muito para a sua queda.

Porém, quando ele lá chegou com ela nos braços, surpreendeu-se ao ver-me.

– O que faz em meus domínios, Guardião da Luz?

– Vim aqui olhar em seus olhos, senhor deste domínio da vaidade e da ignorância! Afinal, o senhor tem em suas mãos uma tutelada minha. Aproximou-se dela sem ao menos consultar-me ou falar comigo.

– E por que eu deveria fazer isso, Senhor Exu Caveira? Eu não devo lhe pedir autorização de nada. E, saiba, minha escrava ganhou esta condição por livre escolha. Ela me atraiu para o lado dela.

– O senhor tem razão, mas nós também sabemos que trabalhou muito para isso. Ainda não se conforma em tê-la perdido, não é mesmo?

– O senhor tenta justificar com o meu passado esta minha atitude. Eu apenas a busquei porque ela sempre foi minha.

– Ela, assim como o senhor, é filha do nosso Criador. Portanto, nem ela nem nada na Criação lhe pertencem.

– Eu não dou ouvidos à Luz, Guardião Exu Caveira! E o senhor sabe muito bem disso!

– Tanto sei que vou confiá-la agora ao senhor, meu ex--grande amigo! A Lei determinou um tempo para que ela corrija sua consciência por aqui.

– E qual é esse tempo?

– O senhor não precisa saber. Quando for o momento certo, ela será tirada daqui.

Ele se movimentou para falar algo, mas gargalhei e volitei daquele lugar.

Ela acordou ainda nos braços dele, reconhecendo-o imediatamente. E falou:

– Você?!

Ele disse:

– Fique tranquila, daqui você nunca mais sairá. Terá toda a eternidade para pagar o que me deve.

O mago trevoso que havia capturado aquela mulher, quando em nossa encarnação no Egito Antigo, foi um grande amigo meu. Éramos, inclusive, parceiros em alguns negócios.

Mas, àquela época, ainda que amigos, disputávamos, por conta da vaidade que nos acometia, mulheres, dinheiro e poder.

Enquanto jovens, tudo beirava a inconsequência, mas, com o passar do tempo, as coisas foram tomando uma proporção que nos levou a consequências funestas.

Sabrina, naquela época, já trilhava o caminho da magia, assim como eu e ele também.

Eu, ainda banhado em ignorância, a fim de derrubá-lo, não o fazia frente a frente e usava de baixas magias para isto.

Com esta minha atitude, acabei me distanciando de ambos que, se em dado momento foram aparentemente felizes e se amaram, ao final, protagonizaram uma tragédia.

Ela o assassinou friamente, tomada por um ódio fora do comum.

O meu afastamento (ainda que ignorantemente, usasse de magia para separá-los), se por um lado "preservou-me", por outro, contribuiu para a minha queda vertiginosa após essa encarnação.

Se eu tenho receio de revelar e contar isto aqui?

Obviamente não tenho. Uso como exemplo para todos aqueles que, ainda tanto tempo depois do meu desencarne e queda, insistem em seguir a trilha da ilusão.

E aos sacerdotes engravatados que tentarem usar do que aqui registrei contra mim, meu médium psicógrafo ou contra a Umbanda, deixo aqui um questionamento: "Vivem vocês falando em inferno, usando-o também como um recurso ilusório para dominar mentes que de vocês se tornam dependentes. Pois, quem são os senhores? De onde vêm e para onde vão?".

E que isto sirva de reflexão para muitos.

Se antes registrei aqui que encaminhei Sabrina para o plano condizente com seu grau de consciência naquele momento e, em seguida, o leitor pôde perceber que ela chegou a um domínio negativo nos braços daquele senhor das trevas, digo: tomei esta atitude quando recuei, baixei meu cetro e a deixei ser guiada pela própria sorte.

Todo ser humano que opta pelo caminho que leva ao embaixo afasta-se dos "seus", e isto, por si só, já é um encaminhamento, pois os senhores das trevas "esfregam as mãos" quando encontram um encarnado que se autoenfraqueceu na sua proteção, especialmente quando se trata de um mago.

Porém, também devemos considerar que há uma ligação cármica entre ambos, o que facilitou bastante essa aproximação. É claro que a "vingança" desejada por aquele senhor não estava amparada pela Lei e ele não chegaria (como não chegou) a executá-la.

Apenas, foi-lhe facultado tê-la em seus domínios por algum tempo, para que ela começasse a tomar consciência dos seus atos estando presa a alguém que matou em determinada encarnação.

Após algum tempo, fui àquele domínio para ver como se encontrava Sabrina.

O senhor daquele domínio, um humano negativado e já encaminhando-se para uma forma pouco humana, ou seja, animalizada, ainda assim nutria amor por mim, assim como por Sabrina.

Sim, caro leitor, não pense você que os seres que dominam as trevas são desprovidos de bons sentimentos.

Quer uma prova disso? Pois bem, vamos lá: você, que se considera um cidadão decente, consciente e ciente de suas obrigações para com Deus e com o Todo que é a Sua Criação, está desprovido do ódio?

Tenho certeza que não. Então, após esta rápida conclusão, podemos prosseguir.

Ele levava em conta os bons momentos do nosso passado e acabou facilitando meu acesso ao seu domínio, sem que eu precisasse usar de recursos magísticos, o que o desgastaria, por estar enfrentando um agente da Vida, da Lei e do Amor.

Aproximei-me de Sabrina, que se encontrava jogada sobre uma pedra, visivelmente cansada. Seu belo corpo havia se transformado num monte de ossos depositados num "saco", que um dia fora sua pele no plano material.

Os olhos verdes ainda se destacavam. Cabelos compridos e malcuidados, grisalhos. Começava a ter, em seu rosto, bigodes felinos.

Ela estava se bestializando rapidamente.

Reconheceu-me e, respirando com dificuldade, falou-me:

— Você sempre está procurando me proteger e eu fico sempre fugindo da sua proteção.

— A minha proteção, Sabrina, tem servido apenas para lhe mostrar suas fraquezas. Acho que você já está bem ciente de todas elas, então, é o momento de você reverter isso.

— Como ele deixou você entrar aqui?

— Ele não tem muitas alternativas, minha querida. Ou deixava... ou eu entrava.

Ela sorriu e falou:

— Você é sempre tão impetuoso!

— Nada disso, não confunda a nossa convivência no plano material com o meu trabalho enquanto Guardião da Luz. Eu adentro todos os domínios das trevas, tenho outorga e amparo da Lei para isto.

— Você falando em Lei me parece tão estranho!

— Em vez de estranhar, por que você não faz como eu e vem para cá? Venha servir a Deus, Sabrina, segundo a Sua Lei.

— Deus, Deus, Deus... onde está Deus, meu caro?

— Vejo-o, neste momento, em seus olhos.

Ela sorriu, estava visivelmente abatida e sensível.

Voltei a falar:

— Sabrina, pense no que estou lhe falando.

Ela pensou por alguns segundos e respondeu:

— Eu não quero sair daqui agora. Se eu tenho contas para acertar com este imbecil, prefiro ficar por aqui o tempo que for necessário e quitar tudo.

— Sabrina, se eu, um Guardião da Luz, estou lhe falando isto neste momento, é porque a Lei já lhe faculta esta possibilidade, mas você é a única e real tutora do seu livre-arbítrio.

— Sair daqui para onde? Ele, ao menos, conheço. Não vou sair daqui e cair nas garras de um outro senhor das trevas. Posso sofrer consequências muito piores.

— Vou embora agora, Sabrina. Pense no que lhe falei. Voltarei em breve.

Ela nada falou, apenas me ouviu olhando para a pedra sobre a qual estava deitada.

Saí dali e encontrei com o meu ex-amigo, senhor daquele domínio.

Ele, sem rodeios, perguntou-me:

— O que você quer com ela?

— Queria apenas vê-la. Você sabe muito bem que, independentemente da condição em que estamos, nossas ligações não se apagam.

— Tanto sei disso que a trouxe para cá.

— Preste atenção numa coisa que vou lhe falar agora...

Ele ficou ouvindo-me atentamente. Prossegui:

— Não encoste mais nela com o intuito de vingança. Você e ela estão vigiados pela Lei. Não a torture mais, pois, se a partir de agora encostar num fio de cabelo dela, amparado pela Lei Divina e pelo meu Pai Omolu, voltarei aqui e reduzirei você e este seu domínio a pó.

Ele nada falou, apenas ouviu-me e manteve-se o tempo todo me olhando com um semblante que acusava a sua preocupação com tudo o que eu dissera.

Gargalhei bem alto e volitei daquele lugar.

Rapidamente já me encontrava no campo-santo, sentado sobre a pedra e meditando a respeito de tudo o que estava acontecendo.

Mais uma vez, eu, um manifestador do Mistério Exu Caveira, encontrava-me em um emaranhado ao qual eu contribuíra, e muito, para a sua construção.

Invariavelmente é assim que a Lei de Deus atua, caro leitor. Suje e mais tarde você voltará para limpar. Quebre e mais tarde você voltará para consertar. Não precisa ser um Guardião para que isto aconteça. E você também não precisa relembrar de todas as suas encarnações, puxe pela memória apenas sua vida atual e já terá a comprovação do que falo.

Um ser humano que quer servir a Deus, o fará a partir do momento em que realmente se decidir a isso, mas, ainda assim, trilhará sua jornada de servidor do Pai, paralelamente aos seus acertos de contas. Mas, afirmo, ainda assim é mais confortável o caminho do que a opção pelas trilhas escuras da ignorância.

Aquela minha visita foi uma preparação para a retirada de Sabrina daquele domínio. Eu a levaria para o campo-santo, onde passaria por mais alguns acertos de contas, de certo modo, até mais intensos do que nos domínios de seu ex-amante.

Mas isto, veremos no capítulo seguinte...

O Resgate sob uma Nova Consciência

Sentado sobre a pedra, no campo-santo, meditava, pedindo às Divindades que me orientassem com a melhor forma para ajudar aquela irmã que se encontrava no limbo, entre a queda vertiginosa e um facho de luz, ao qual poderia agarrar-se e subir.

As trevas que se abriam aos seus pés formavam um abismo que, a cada instante, se tornava mais profundo. E, caso nele caísse, sua queda seria vertiginosa e, praticamente, irreversível.

Um pequeno ponto de luz pairava, naquele momento, sobre sua cabeça. Pequeno, porém suficiente para que ela estendesse suas mãos e por ele fosse puxada para o alto.

Tê-la ali no cemitério, ao meu lado, por um determinado período, poderia acelerar sua ascensão, ainda que devesse passar por alguns eventos um tanto conturbados.

Senti uma forte vibração eólica, como se fosse uma rajada de vento próximo a mim. Olhei para a frente e vi a Senhora Iansã da Calunga transmitindo muita luz a partir do seu largo sorriso.

Sob o arquétipo de uma bela mulher negra, trajava um vestido amarelo, carregava uma cruz branca em sua mão direita encostada ao peito; mantinha sua mão esquerda na cintura. Sorria para mim (era, aquele, um dos mais belos sorrisos femininos que já vi). Seus longos cabelos negros davam àquela Divina Orixá a imposição de sua força.

Sempre sorrindo, falou comigo:

– Que bom que o senhor tem se preocupado com esta menina, caro Guardião da Vida! A ligação ancestral de vocês tem, no decorrer da caminhada, alguns pontos escuros, que são carmas criados por cada um. Por isso, digo-lhe que chegou a hora de, auxiliando a esta sua irmã, reparar todos os equívocos cometidos durante a jornada.

Eu já me encontrava ajoelhado perante àquela Beleza Divina. Olhando para o chão, falei:

– Epa Hey, minha Divina Mãe! Com sua permissão, gostaria de dizer que já venho sentindo este desejo latejando em meu íntimo. Quero muito auxiliar esta irmã, poder contribuir para que ele encontre sua essência, corrija-se e recomece sua caminhada de forma sadia.

A Senhora Iansã da Calunga colocou a mão esquerda em meu ombro direito, a cruz branca sobre a minha cabeça, e falou:

– Em nome da Lei de Olorum, nomeio-lhe como agente humano nesta tarefa de elevação desta filha. Ela virá para este campo-santo e, aqui, sob a minha tutela, orientada por uma de minhas filhas humanas, seguirá (se assim for do seu desejo íntimo) no caminho reto que a ela sempre foi reservado.

Lágrimas escorriam pela minha face, quando senti ao meu redor uma nova rajada de vento. A Divina Mãe Iansã da Calunga não estava mais à minha frente.

Pus-me a refletir novamente, sentado sobre a pedra. Concluí que aquela tarefa a mim incumbida seria árdua. Não para retirá-la daquele domínio, pois, nesse sentido, eu mantinha um bom controle da situação, mas sim na etapa seguinte, no trabalho de reforma consciencial de Sabrina.

Contudo, para Exu Caveira, não há missão impossível. Levantei-me daquela pedra e, com meu cetro em minha mão direita, caminhei pelo campo-santo.

Há certas reflexões que prefiro fazer caminhando, olhando para o todo à minha volta.

Sentia como se, ao caminhar, o ar contribuísse para que as ideias fluíssem melhor. Como se eu captasse do Cosmos, com maior facilidade, a inspiração necessária.

Em dado momento, parou à minha frente uma bela mulher trajando um vestido vermelho. Carregava em sua cintura quatro cruzes penduradas em um cinto rústico (um laço de corda), uma à frente, uma ao lado direito, uma ao lado esquerdo e uma atrás da sua cintura. Cabelos negros encaracolados, pele branca, sobrancelhas e lábios grossos, nariz reto e proporcional ao desenho da sua face. Era a Pombagira Cigana Rosa dos Ventos do Cruzeiro das Almas.

Ela sorriu para mim e falou:

– Cá estou, Senhor Guardião Exu Caveira! Fui encaminhada pela Senhora Iansã da Calunga e me coloco à sua disposição para o trabalho.

– Muito me honra tê-la ao meu lado para o cumprimento desta tarefa, Senhora Guardiã Pombagira Cigana Rosa dos Ventos do Cruzeiro das Almas.

Ela sorriu e curvou o corpo levemente, saudando-me. Retribuí com o mesmo movimento. Ela continuou:

– Fui orientada a dar ao senhor todo o amparo necessário e já sei que tem em mente todo o estratagema, tanto para a retirada da menina daquele domínio trevoso quanto para a continuidade da recuperação dela aqui, sob nossos olhos vigilantes.

– Realmente, tenho sim em mente, mas, ainda assim, gostaria de compartilhar com a senhora. E também gostaria de saber qual é a intenção da Sagrada Mãe Iansã da Calunga, como pensa em recuperá-la quando aqui estiver?

Ela sorriu e passou a falar-me detalhadamente tudo o que havia sido planejado e ordenado por aquela Divina Orixá.

Absorvi tudo em meu mental. A partir daquele momento, só nos restava adentrar aquele domínio e trazer Sabrina para o campo-santo.

Ao final da nossa conversa, a Senhora Rosa dos Ventos do Cruzeiro das Almas me perguntou:

– Mas, e se ela resistir, não quiser subir para cá?

– Bem, minha senhora, todo ser humano é dotado de livre-arbítrio. Façamos nossa parte, pois creio que teremos sucesso neste caso.

– Confio no senhor, Guardião Exu Caveira.

Ela sorriu. E, diga-se de passagem, aquela guardiã era dotada de um sorriso belíssimo e por demais encantador.

Volitamos para aquele domínio e, num instante, nos encontrávamos em seu interior, à frente de Sabrina, que ao nos ver assustou-se.

Eu disse:

– Mantenha-se calma, Sabrina, vimos aqui para resgatá-la; você vai conosco para o campo-santo. Lá, já está sendo tudo preparado para recebê-la. Você terá amparo, esclarecimento e poderá seguir sua jornada com paz e tranquilidade.

Ela apenas me olhava, com seus lindos olhos verdes (apesar da condição quase desumana em que seu corpo se encontrava). Prossegui:

– E, antes que eu me esqueça, permita que lhe apresente minha companheira de trabalho. Esta é a Senhora Guardiã Pombagira Cigana Rosa dos Ventos do Cruzeiro das Almas.

Aquela Pombagira sorriu para Sabrina, curvando levemente o corpo para saudá-la. E Sabrina, ainda que fraca e abatida, retribuiu sorrindo para ela.

Pude perceber naquele instante que Sabrina simpatizara com a Senhora Guardiã Pombagira Cigana Rosa dos Ventos do Cruzeiro das Almas. E aquilo serviu para mostrar que seríamos bem-sucedidos em nossa tarefa.

Porém, ainda assim, ela titubeou. Disse:

– Eu não sei se devo sair daqui, Senhor Exu Caveira... – sorriu e prosseguiu: – É tão estranho chamá-lo assim, ainda lembro quando eu o chamava carinhosamente pelo seu nome...

Interrompi-a imediatamente:

– Nada disso, Sabrina! Deixe o passado onde ele está. Eu sou Exu Caveira, Mago Guardião Cósmico do Sétimo Sentido da Vida. E é por este nome que deve referir-se a mim.

Ela abaixou a cabeça e falou:

– Peço desculpas!

E prosseguiu:

– Mas, digo agora aos senhores que não sou merecedora deste esforço que estão dispensando para me ajudar. Devo ficar aqui. Sou uma bruxa, assassina, fiz mal a muita gente. Hoje, tenham certeza, envergonho-me disso. Deixem-me quieta aqui, pois sei que lá fora serei cobrada e não conseguirei encarar as pessoas, não conseguirei encarar o mundo.

A Senhora Rosa dos Ventos do Cruzeiro das Almas interviu:

– É exatamente pelo fato de a senhora estar pensando assim que aqui estamos neste momento! Veja bem, senhora Sabrina, a Divina Mãe Iansã da Calunga me designou para estar ao lado do Senhor Exu Caveira no seu resgate. Somos agentes humanos da Lei, da Vida e do Amor. Nossa presença aqui significa que o Divino Senhor Omolu e minha Divina

Mãe Iansã estão estendendo a mão à senhora; significa que a Lei e a Vida estão lhe dando uma nova chance. Quer dizer que Deus, que a ama e muito, nunca deixou de olhar pela senhora.

Sabrina, àquela altura, chorava copiosamente.

O Senhor daquele domínio adentrou o ambiente, armado com uma espada negra. Às suas costas, uma legião de seres horrendos fazia sua guarda, esperando apenas uma ordem para nos atacar.

A Senhora Rosa dos Ventos do Cruzeiro das Almas colocou-se imediatamente à frente de Sabrina. Dei alguns passos à frente, coloquei meu cetro sobre meu peito, segurando-o na horizontal, com sua cabeça sendo segura pela minha mão direita e seu pé pela minha mão esquerda.

Transmitindo ira a partir do seu olhar, ele falou:

– Guardião Exu Caveira, onde o senhor pensa que está? Pela segunda vez adentra meus domínios sem pedir autorização. E ainda quer levar uma escrava minha. Não acha que está passando um pouco dos limites?

– Eu tenho trânsito livre nas trevas, Adhynon! Peço permissão para adentrar domínios amparados pela Lei, o que não é o seu caso. Nestes, como o seu, entro para cumprir com o que me é incumbido pela Lei Maior e pelo meu Divino Omolu.

– O senhor está me provocando?

– De forma alguma. Quem está lhe provocando é seu íntimo. Veja, após tanto tempo... quantos séculos se passaram exatamente? Após tanto tempo, mago caído e escravo da ignorância, cá estamos novamente juntos, nós três. E veja que o destino se encarregou de nos colocar frente a frente, em uma situação de acerto de contas.

– Você se acha um privilegiado, caro Guardião? Eu sucumbi nas trevas e não tive a oportunidade de responder a quem quer que fosse, não tive chance de me defender. Tive de vencer aqui embaixo pela força. E olhe nossa querida e amada Sabrina, como se encontra? Pergunto novamente: você se acha um privilegiado? Eu lhe acho! A Lei Maior que canta em prosa e verso colocou-nos nessa condição e, no entanto, você tem amparo. E foi tão errado quanto nós, mas somente nós fomos punidos.

– Ledo engano, caro irmão, ledo engano! Eu caí, sucumbi, estive nas trevas. Porém, ao meu tempo, pude perceber todos os meus equívocos. E recebi uma chance, a qual nunca desperdiçarei, por parte da Lei, para servi-La. E, trabalhando, mas trabalhando muito, pude reparar meus erros! Não pense o senhor que não sofro diariamente com meus erros, mas, desde que quis deixar tudo de errado que fiz para trás, busco banhar-me diariamente em humildade, mas, também e fundamentalmente, no Amor que Deus tem por mim. E, saiba, é o mesmo Amor que ele tem pelo senhor, que não consegue perceber ou sentir, porque optou por viver no reino das ilusões.

– Seu discurso é belo e comovente, Exu Caveira! Só que não me toca. E vocês não levarão minha escrava daqui.

Sabrina, como se fosse um raio, levantou-se da pedra, passou à frente da Senhora Rosa dos Ventos do Cruzeiro das Almas (era impressionante, ela, que estava enfraquecida, havia encontrado forças no seu íntimo para levantar e correr), parou à frente do seu desafeto e falou, aos prantos:

– Parem com isso, pelo amor de Deus! Eu não aguento mais ser pivô de tanta desgraça!

E, aos soluços, prosseguiu:

– Mate-me agora, Adhynon, acabe comigo! Eu sei que é isso que você quer. Eu o matei em uma determinada vida na carne. Quero lhe pedir perdão, mas sei que não aceitará, então, suplico que acabe comigo aqui e agora.

Ele gargalhou e, sarcástico, pôs sua mão direita no queixo dela, fazendo com que levantasse o rosto e olhasse para ele. Aproximou seu rosto do dela e falou:

– Matar-lhe seria muito fácil, minha amada esposa! Eu quero vê-la sofrer, sucumbir até sua última gota de sofrimento. Seu último pedido será uma súplica pelo meu perdão, que nunca terá.

Ela se ajoelhou à frente dele, chorando desesperadamente, e falou:

– Não, por favor, acabe comigo agora! E você, Guardião Exu Caveira... você e sua amiga com a qual tanto simpatizei, vão embora, deixem-me aqui, pois meu destino já está traçado.

A Senhora Rosa dos Ventos do Cruzeiro das Almas olhou-me, visivelmente preocupada. Retribuí seu olhar sacudindo a cabeça negativamente.

Àquela altura, tinha a convicção de que Sabrina deveria sair dali, mesmo que contra sua vontade, mesmo que eu tivesse que reduzir aquele domínio a pó.

Dei três passos à frente, encostei a cabeça do meu cetro nas costas de Sabrina, projetando-a para as pedras, onde caiu e ficou deitada, com o rosto encostado àquele pedaço de mineral e chorando.

Aproximei meu rosto do de Adhynon, meus olhos começaram a exalar fogo, pois havia, mentalmente, projetado este elemento que, a partir dos meus olhos, formasse uma aura ígnea defensiva à minha volta. Baixei meu cetro, encostando-o em sua espada, que caiu ao chão imediatamente.

Ele estava, naquele momento, acometido pelo medo.

Falei, entre dentes, para ele:

– Mande todos os seus soldados saírem daqui, agora!

Ele ordenou e, em poucos segundos, somente eu, ele, Sabrina e a Senhora Rosa dos Ventos do Cruzeiro das Almas nos encontrávamos naquele ambiente.

Ainda com o rosto muito próximo ao dele, voltei a falar:

– Chega, mago caído, de uma vez por todas, chega! Essa sua vingança sem propósito não se realizará. Assim a Lei quer que seja. E nós, aqui, neste momento, somos a Lei atuando em seus domínios. Ou aceita isso, ou você e seus domínios serão transformados em poeira, agora.

Ele, tentando esconder o medo, ainda resistiu:

– E quem é você para me ameaçar desta forma? É tão devedor quanto eu...

Interrompi-o:

– Sou sim um devedor, mas me voltei para Deus e, aos desígnios da Sua Lei, sigo e sirvo. E você, quando se conscientizará?

Já ciente de que havia sido derrotado, deu dois passos para trás e falou:

– Está bem, levem este estrume daqui! Não quero vê-la nunca mais em minha frente.

Nesse momento, a Senhora Rosa dos Ventos do Cruzeiro das Almas envolveu Sabrina numa espiral eólica e ambas volitaram dali.

Eu, ainda à frente de Adhynon, pude ouvi-lo dizer:

– E nem você, Exu Caveira, não quero vê-lo nunca mais em minha frente!

– Não me verá por algum tempo, mago caído, mas, tenha certeza, não tardará muito a nos encontrarmos novamente.

Gargalhei e volitei daquele lugar.

Já no campo-santo, Sabrina fora encaminhada para uma sala de recuperação. A Senhora Rosa dos Ventos do Cruzeiro das Almas acompanhava-a o tempo todo.

Ficou naquela sala por algumas horas, depois, foi transferida para um pronto-socorro situado na primeira faixa vibratória ascensa (acima da faixa material), onde seria tratada. Porém, assim que recuperada, já era designado que voltasse para o campo-santo para uma preparação que seria acompanhada bem de perto pela Senhora Guardiã Pombagira Cigana Rosa dos Ventos do Cruzeiro das Almas, sob os meus olhos. E com a tutela Divina da Senhora Iansã da Calunga, sob os Divinos olhos do meu Pai Omolu, do Divino Obaluayê, da Divina Nanã Buruquê e de todos os Sagrados Orixás que habitam o campo-santo.

E esta fase, pós-recuperação e de adaptação às novas funções na Criação de Deus, veremos no próximo capítulo.

Respirando Ar Puro sob os Desígnios da Lei

Após sua recuperação no hospital, Sabrina retornou ao campo-santo acompanhada pela Senhora Rosa dos Ventos do Cruzeiro das Almas.

Fiquei encantado ao revê-la, confesso, até emocionado. Estava linda, com seus longos cabelos louros, seus olhos verdes e o sorriso brilhante, como era quando nos enamoramos no Egito Antigo.

Aproximei-me delas, cumprimentando Sabrina e saudando a Senhora Rosa dos Ventos do Cruzeiro das Almas. E, em tom de brincadeira, aquela Pombagira falou:

— Veja, amigo Exu Caveira, nossa menina agora está novinha em folha e pronta para novos combates.

Sabrina sorriu, olhou-me nos olhos; em seguida, olhou para o chão, voltou a fitar-me e falou:

– Já agradeci a esta mulher maravilhosa que a Senhora Iansã da Calunga colocou no meu caminho, mas quero agradecer também ao senhor, Guardião Exu Caveira, por não ter desistido de mim. Qualquer outro me deixaria lá, largada, esquecida, mas, apesar de tudo o que houve entre nós no passado, ainda assim, não desistiu de mim, nem mesmo no momento em que eu mesma já havia entregado os pontos.

– Sabrina, minha amada irmã, o nosso passado, como já lhe disse, lá atrás está. Porém, algo muito bom ainda assim, vindo de lá, nos liga. E foi este sutil cordão de amor que me fez nunca desistir de você. Confesso que me senti sim um pouco culpado pela situação em que se encontrava. Eu contribuí para a sua queda, de alguma forma. E também pensei: se eu caí e consegui retornar ao caminho correto, por que não estender a mão a irmãos que, em algum momento, estiveram ao meu lado em minha jornada e, por motivos variados, acabaram caindo.

Abaixei a cabeça, entristecido, e prossegui:

– Eu gostaria de tirar Adhynon de lá também, Sabrina. Mas acho que ele ainda não está pronto.

A Senhora Rosa dos Ventos do Cruzeiro das Almas falou:

– Sua atitude é nobre, isto é o que importa, irmão Exu Caveira! E saiba que, mais cedo ou mais tarde, ele acordará... e sei que o senhor estará com a mão estendida para ele.

– Assim será, irmã! – respondi.

Sabrina olhou para mim, em seguida, para a senhora Rosa dos Ventos do Cruzeiro das Almas e questionou:

– E agora, para onde vou?

– Eu a encaminharei até o Trono da Senhora Iansã da Calunga. Ela lhe falará rapidamente – disse a Pombagira.

– E depois, Sabrina, você passará por preparações aqui no ambiente do campo-santo – falei.

– Preparações? – indagou ela.

— Sim, amada irmã! Você resgatará todos os seus carmas, como deve ser e é designado pela Lei. Mas, fará isto trabalhando como uma agente da Lei Maior e da Justiça de Deus. E saiba que o trabalho por si só atenuará muito deste seu resgate.

Ela sorriu e exclamou:

— Confio em vocês. Vamos em frente!

Durante a preparação, Sabrina aprendeu muito sobre os Mistérios Divinos. Soube como funciona a Criação do Pai. Viu que nas trevas trabalharia como maga, resgatando espíritos que se negativaram por sentimentos mesquinhos, inveja, preconceitos e, também, aqueles que se negativaram no amor, propagando o ódio na Criação.

Em muitos momentos, durante a sua preparação, desestabilizou-se emocionalmente. Quanto mais aprendia, mais ficava de frente com suas imperfeições e negativismos. Mas, invariavelmente, quando passava por esses momentos, tinha ao seu lado a Senhora Rosa dos Ventos do Cruzeiro das Almas.

De longe, tudo eu observava com muita atenção. Para mim (e por motivos que aqui já ficaram bem claros) era uma questão de honra vê-la recuperada e trabalhando.

As suas primeiras tarefas ocorreram na guarda daquele campo-santo.

Foi designada pela Senhora Rosa dos Ventos do Cruzeiro das Almas para auxiliar os Guardiões do cemitério em tudo que precisassem.

Não foram poucas as vezes que vi Sabrina cumprindo as mais variadas funções naquele lugar.

Rapidamente, a Senhora Rosa dos Ventos do Cruzeiro das Almas começou a levá-la a alguns domínios nas faixas vibratórias negativas. Aquela Pombagira descia em missão de resgate e a levava como sua auxiliar.

Porém, para sua surpresa, em dado momento, a Guardiã passou a levá-la para trabalhar em alguns domínios onde se encontravam desafetos seus, pessoas as quais, ao longo dos tempos, ela prejudicou, ludibriou, traiu e até matou.

Posso registrar aqui que ela passou por maus bocados, quase se desestabilizando por completo em alguns casos. Não fosse o respaldo daquela Pombagira, poderia ter sucumbido e de um daqueles domínios não ter retornado.

Mas, a Lei é a Lei. Com todos que ela prejudicou, deveria acertar contas e, convenhamos, estava fazendo este acerto numa condição privilegiada, porque, se continuasse no estado em que estava nas trevas, sua situação complicaria muito quando estivesse à frente de um acerto deste tipo.

Lembro que, numa certa noite de Lua Cheia, saiu com a Senhora Rosa dos Ventos do Cruzeiro das Almas para uma missão em um domínio da quarta faixa vibratória negativa.

Quando retornaram, pude perceber que estava bem abatida, esgotada energeticamente. Imediatamente, a Senhora Rosa dos Ventos do Cruzeiro das Almas encaminhou-a para a sala de recuperação.

Enquanto lá ela se recuperava, aquela Pombagira aproximou-se de mim e disse:

— O trabalho hoje foi difícil, irmão Exu Caveira!

— Conte-me o que exatamente aconteceu.

— No domínio em que estivemos havia três desafetos dela. Além da senhora daquele domínio, dois homens que a odeiam lá estavam presos. Fomos para recuperá-los, mas, a senhora daquele ambiente trevoso, irredutível, queria Sabrina em troca. E eu não aceitei negociar.

— Fez bem, Senhora Rosa dos Ventos, fez muito bem!

— Enfim, continuamos caminhando. Em breve, ela estará preparada para o passo maior.

— O mais importante nisso tudo é a reforma de consciência que este trabalho está promovendo nela. Nós sabemos muito bem, Senhora Rosa dos Ventos do Cruzeiro das Almas, que as pessoas presas nessas faixas vibratórias negativas só sairão quando assim for designado pela Lei Maior. Mas, também amparados pela Lei, podemos proporcionar estes "estágios" para espíritos recém-recuperados.

Ela gargalhou e falou:

— É verdade, senhor Exu Caveira! Não pense que estou gargalhando porque me divirto com esta situação, mas, minha alegria se expressa em vê-la tão bem e tão determinada a seguir em frente na sua própria recuperação.

Gargalhei também e falei:

— Sei bem disso, Senhora Pombagira Cigana Rosa dos Ventos do Cruzeiro das Almas. Eu também fico muito feliz em vê-la no estágio atual. Espero que, em breve, já possa galgar passos maiores.

— Poderá, irmão, poderá! Bem mais rápido do que o senhor imagina.

Após algum tempo, pude ver Sabrina trabalhando muito bem. Era uma maga respeitada no ambiente do campo-santo e solicitada por vários Exus e Pombagiras daquele local para trabalhos em terreiros de Umbanda e Quimbanda, no auxílio às suas falanges e aos seus espíritos manifestadores.

Numa noite de Lua Cheia, estava sentado sobre a pedra, quando ela, Sabrina, se aproximou de mim sorrindo e falou:

— Pensativo, Guardião Exu Caveira?

— A Lua me inspira, Sabrina, em cada fase, de um modo diferente. Na Lua Cheia, por exemplo, é quando mais concretizo meus planos e projetos.

— Então temos algo em comum, caríssimo! Estou muito feliz e gostaria de dividir com você esta felicidade.

Olhei para ela curioso, e perguntei:

— E qual o motivo de tanta felicidade, Sabrina?

– Dona Rosa dos Ventos do Cruzeiro das Almas chamou-me para ser uma manifestadora do seu Mistério Espiritual Humano. Por isso estou muito feliz, Guardião!

Levantei-me, dirigi-me a ela, abracei-a com intensidade e disse:

– Meus parabéns, amada irmã! Não poderia vislumbrar um futuro melhor para você. Nunca desisti... e sabia que um dia você chegaria a ser uma servidora do Pai, que estaria entre nós.

Enxugando lágrimas, ela se afastou de mim e falou, ainda olhando para o chão:

– Lembra-se quando você me chamava de cigana, dizia que eu deveria me acalmar, segurar esta minha alma andarilha? Pois é, agora serei uma Pombagira Cigana... uma Pombagira Cigana Rosa dos Ventos do Cruzeiro das Almas!

Sorrindo, falei a ela:

– O que está em nós, o que nos é ancestral, nunca morre, Sabrina! Pode até ficar adormecido por algum tempo, mas, quando acorda, retorna ainda com mais força.

Abraçamo-nos novamente. Sentamos sobre a pedra e ficamos ali conversando por longas horas até amanhecer.

Sabrina, hoje em dia, é uma Pombagira Cigana Rosa dos Ventos do Cruzeiro das Almas. Começou atuando nas linhas de ação e reação deste mistério e, em seguida, já possuía a tutela de uma médium de Umbanda, a qual acompanhava, amparava e orientava. E prossegue realizando um lindo trabalho de resgate de espíritos caídos.

Quanto a mim, continuei sentado naquela pedra, no campo-santo, aguardando minha próxima tarefa, que você conhecerá daqui a pouco. Antes, farei mais um breve comentário.

Segundo Comentário do Senhor Exu Caveira

Há muito misticismo e mito em tudo que se fala por aí sobre os guias espirituais de Umbanda e Quimbanda, especialmente Exus e Pombagiras.

Médiuns relapsos e vaidosos acabam, muitas vezes, colocando seu ego, sua vaidade e outros negativismos à frente das manifestações.

Se não houver humildade nos trabalhos, a verdade não imperará.

E não há como se fazer uma religião, de fato, sem verdade.

O controle desta situação começa pelo próprio médium policiando a si e aos seus sentimentos, lutando para se livrar dos seus vícios, mas passa também pelos dirigentes espirituais que, muitas vezes, deixam acontecer pequenas coisas que em pouco tempo formam uma bola de neve.

Há quem diga que todo Exu ou Pombagira é um espírito que vem do "inferno", que está tendo uma oportunidade de, a partir do trabalho na Umbanda ou na Quimbanda, resgatar seus erros e evoluir.

E isto é verdade, em parte, mas nem sempre é assim que ocorre. No caso do último relato desta obra, exemplificamos com um exemplo que corrobora esta teoria.

Mas, deixo aqui registrado, amigo leitor, que isso não ocorre somente com espíritos desencarnados que caem e procuram sua recuperação por meio do trabalho. Há também os que caíram e receberam a chance de se recuperar reencarnando, habitando o plano material da vida humana por determinado período, para que pudessem reformar suas consciências. E, garanto, muitos destes lerão esta obra.

A Umbanda e a Quimbanda estão cheias desses encarnados que, nelas, recebem a grande chance de reforma consciencial evolutiva.

Portanto, muito mais do que julgar quem quer que seja, encarnado ou desencarnado, o último relato serviu para mostrar a você, amigo leitor, que se trocarmos os julgamentos e preconceitos pelo amor, estaremos trilhando a caminhada da forma que planejou nosso Criador.

Em vez de criticarmos quem quer que seja, espírito encarnado ou desencarnado, trabalhador de Umbanda ou Quimbanda, procuremos compreender suas tarefas, primeiramente.

Quando um Exu baixa em um terreiro de Umbanda ou Quimbanda, tenha certeza, está levando com ele a Lei Divina para dentro daquele templo.

Assim também é com a manifestação das Pombagiras.

Falo especificamente dessas manifestações à Esquerda, porque são as que mais sofrem ataques preconceituosos e até manifestações um tanto "folclóricas" promovidas por seus médiuns e dirigentes espirituais de terreiros.

Se ali baixou um agente ou uma agente da Lei, também não significa que abusos em nome de uma suposta lei divina devam ser cometidos. Tenham muito cuidado com isso!

A Lei ordena, simplesmente! Abuso de poder não é manifestação da Lei. Ela se manifestará no trabalho, orientando aqueles que aquele templo procuraram, seja dizendo o que querem ou o que não querem ouvir dos encarnados.

Mas, reitero, isso nada tem a ver com abusos cometidos em alguns ambientes que, infelizmente, em muitos casos, por mais que se autodenominem, há muito deixaram de ser templos de Umbanda ou Quimbanda.

Sabrina foi e é uma mulher determinada. Se assim não fosse, teria sucumbido ao buraco que ela mesma cavou. Mas, ainda assim, em dado momento, percebeu-se equivocada e conseguiu dele sair, e hoje trilha sua caminhada de forma honrosa.

Por isso proponho que você, que lê esta obra: pense e repense sua jornada. Se assim o fizer, com humildade e tranquilidade, garanto, ainda haverá tempo para um recuo estratégico e retorno ao caminho correto.

E fazer isso ainda encarnado, tenha certeza, é bem melhor do que chegar até onde ela chegou. Estará adiantando o serviço e "se livrando" de um tormento bem desagradável.

Reflita muito!

A seguir, mais uma história que chegou às minhas mãos, no campo-santo...

Uma Conversa Franca

    Muitas vezes, achamos que já vimos tudo o que poderíamos ver em nossa caminhada. Há até aqueles que falam, quando se surpreendem com algo ou uma situação: "E eu que achava que já havia visto de tudo na minha vida!".

    A bem da verdade, eu posso afirmar que até hoje e, principalmente, depois que comecei a atuar como um Guia de Lei, ainda me surpreendo com situações que não esperava ou não imaginava.

    Transitando livremente pelo campo-santo, tenho visto o trabalho de muitos irmãos e irmãs que labutam pela recuperação de outros nossos irmãos e irmãs e percebido também que este é um sentimento comum a todos nós, os Guias Espirituais da Direita e da Esquerda.

    Nos terreiros de Umbanda e Quimbanda, onde trabalhamos com mais frequência e desenvoltura (digo isso, porque muitas vezes estamos também em outras religiões, até mesmo naquelas que nos repudiam e onde pouco ou mal somos percebidos), basta que nos aproximemos de algum Guia que se manifesta através de um médium e acompanhemos as suas consultas.

    Não vou listar aqui, nem exemplificar, com fatos surpreendentes a meu ver, mas iniciarei agora um relato que, se é comum, ficará para sempre na minha memória como o caso pitoresco de um homem que passou vários séculos, entre encarnações e caminhadas pelo mundo espiritual, tentando se encontrar.

Seu nome na última encarnação, pelo qual o chamaremos aqui, foi Haroldo.

Na sua última vida na matéria, no Brasil, foi um bom chefe de família, religioso, católico praticante e cumpridor dos seus deveres.

Em encarnações anteriores sempre se caracterizou dessa forma. Porém, se essa característica foi marcante durante as suas encarnações, invariavelmente, após todos os seus desencarnes, vivia perdido à procura de algum lugar para ficar. Eu diria, até, à procura de si mesmo.

Perceba, amigo leitor, esse espírito nunca caiu. Não conhece a cor e não sabe identificar o cheiro das trevas. Mas, sempre – e quando eu digo sempre é sempre mesmo – este irmão que, encarnado, fora um homem determinado e que conquistava sucesso profissional, religioso e cumpridor das suas obrigações, quando desencarnava, vivia perdido!

Passou por colônias espirituais diversas. E nunca se adaptou, no lado etérico da vida, a lugar, função ou situação alguma.

Nunca ocorreu, por parte dele, nenhuma situação de revolta. Sempre foi um homem tranquilo, paciente, calmo e que enfrentava esses problemas da "melhor forma", ao menos aparentemente.

Mas, se ainda assim reagia bem a essa questão, por outro lado, não se indignava na busca de uma nova situação. Não que ele não a buscasse, porque realmente buscava, mas a falta de indignação (que poderia ser um impulso para sua mudança) também era, sem que ele percebesse, um freio para sua transmutação.

E, exatamente para transmutar-se, foi encaminhado ao campo-santo, nos domínios do Divino Pai Obaluayê. E lá estava eu, Exu Caveira, à frente daquele bondoso homem, designado pelo meu Pai Omolu e servindo ao Senhor da Evolução.

Reproduzirei, a partir de agora, nosso primeiro diálogo. E, por meio dele, você poderá ter um panorama de como se dava a confusão que acometia o mental desse irmão.

Seus guias espirituais não estavam próximos, pois, como em sua última encarnação foi um católico ferrenho, não acreditava nem admitia ter esse tipo de proteção ou orientação (que é comum a qualquer humano, creia ou não). Crença esta que começou a se desconstruir em seu íntimo assim que adentrou o cemitério.

Estava sentado sobre a pedra, já o aguardava, quando parou à minha frente.

Levantei-me, fui abraçá-lo e assim o fiz. Percebi que ele estava um pouco receoso, assustado com tudo o que via naquele ponto de forças e, também, com meu arquétipo.

Após abraçá-lo, gargalhei bem alto (o que o assustou ainda mais) e falei:

– Bem-vindo aos domínios de Exu Caveira, irmão Haroldo!

Em tom baixo, ele falou:

– Muito obrigado, meu senhor!

– O que lhe traz aqui? – apesar de eu saber, era necessário que ele falasse, pois só assim exercitaria mentalmente a busca pelas respostas, que sempre devem vir do próprio ser.

– Bem, Senhor Guardião Exu Caveira, na verdade, eu busco muitas coisas.

– Sim, mas quais são estas coisas?

– Ué, o senhor não sabe? Disseram-me que o senhor me ajudaria a solucionar o meu problema!

– E já estou fazendo isso, caro amigo! Se você permitir, farei com que se olhe no espelho da sua alma, que se volte para o seu íntimo e descubra por que tudo o que você inicia em sua jornada no astral morre nos primeiros passos.

– É, eu gostaria muito de saber sobre isso mesmo.

– As respostas sempre estão dentro de nós, caro irmão. Porém, o exercício de voltar-se para o íntimo é mais incômodo e doloroso do que se dobrar para encostar o nariz no pé. Disso, o senhor pode ter certeza. Vamos buscar a melhor forma disso ser feito pelo irmão.

Ele me olhava compenetrado. Seu olhar transmitia medo, apreensão, curiosidade, mas também esperança.

Se não era um espírito aparentemente atormentado, por outro lado, era um homem perdido. E afirmo a você, em alguns momentos, mesmo que aparentemente se sentisse ou se mostrasse calmo, era mais atormentado do que um espírito caído há séculos.

Há quem possa dizer: "Ah, mas este homem nunca se negativou".

E eu questiono: "Não mesmo? Ele realmente nunca caiu, mas, caso em algum momento tivesse caído, não teria acelerado a transmutação e evolução da sua consciência? Volto a perguntar: a estagnação do mental não leva aquele que por ela se encontra acometido a uma sutil negativação?".

Fica registrado para que você reflita.

Voltemos ao nosso diálogo.

Resolvi ser mais incisivo, para provocar nele alguma reflexão e, até mesmo, indignação, componente que lhe faltava e que seria fundamental para o início da sua transmutação.

– Meu amigo, reflita comigo: se você está num barco, sozinho em alto mar, remando. De repente, uma onda enorme leva os remos das suas mãos, o que você faz?

— Tento obter ajuda.
— De que forma, se você está em alto mar, será ajudado por quem? Pelos peixes, tubarões, baleias?
— Por Deus, meu senhor!
— Muito bem. Então, o senhor acha que Deus aparecerá à sua frente e conduzirá o barco?
— Bem, realmente, eu não sei direito o que Ele faria, mas confio na providência divina e tenho convicção de que não ficaria desamparado.
— Muito bem. Então, torno a perguntar: o senhor acha que Deus agiria a partir de um fenômeno sobrenatural, ou através do seu mental, da sua alma, do seu espírito e dos seus braços?
— Eu esperaria, sinceramente, que Ele enviasse algo ou alguém para me ajudar, pois, com certeza, ficaria muito nervoso e não conseguiria reagir.
— Perceba bem que, a partir da sua resposta, caro irmão Haroldo, começa a vasculhar seu íntimo e descobrir as causas do que lhe confunde profundamente quando em espírito.

Ele ficou me ouvindo atentamente. Prossegui:
— Quando vive na carne, tudo é sempre muito fácil, prático e objetivo para o Senhor Porque tudo lhe é visível, palpável, concreto e objetivo. Não consegue, fora da vida densa, compreender as Leis da Criação. E isto, invariavelmente, trava o seu mental para uma compreensão ampla do Todo.
— Eu tento compreender, mas não consigo ver lógica em tudo o que já conheci no mundo astralino, ao longo dos tempos.
— E por que o senhor não vê lógica?
— Parece-me, ao menos nos lugares onde estive, tudo muito constante, e, por ser "eterno", não consigo ver uma lógica. Quando encarnado, sempre corremos contra o tempo. Eu não sei viver sem limites.

– Mas, quem disse ao senhor que na vida espiritual não há limites? Há sim uma contagem de tempo que é por demais diferenciada da do plano material, mas, o que o senhor chama de "limites", na verdade, aqui no mundo etérico chamamos de compromissos firmados e assumidos. Ora, caro irmão, se você se sente entediado, num modo de vida monótono, tenha certeza, isto acontece exatamente porque não assumiu compromissos. Quando assim o fizer, garanto-lhe, nem sentirá o tempo passar. Estará tão atarefado e se sentirá tão completo que, aí sim, só que de forma positiva, o tempo inexistirá para o Senhor

Ele ficou a pensar por alguns minutos. Fiquei observando-o, sempre deixando-o à vontade para que tirasse suas próprias conclusões.

Olhou-me e perguntou:

– E o que pode ser feito, Senhor Guardião Exu Caveira, para que eu possa reverter a minha situação?

– Primeiro, eu o levarei para conhecer alguns postos de trabalho aqui no campo-santo. Verá como funciona o trabalho dos Guardiões que aqui atuam. Como lidam com espíritos caídos recém-chegados para recuperação. E também perceberá qual é a expectativa daqueles que aqui chegam após, muitas vezes, ter permanecido por um longo período nas trevas.

– Então, o senhor está afirmando para mim que o inferno existe?

– O céu, da forma que lhe foi desenhada pela religião que praticou na sua última encarnação, existe? O senhor esteve lá?

– Na verdade, nunca tive uma imagem construída do céu em minha mente, sempre foi algo muito abstrato.

– E do inferno?

– Bem, desse eu já sempre tive alguma ideia, porque era algo que, além de me ter sido passado com mais detalhes, eu também (acho que por medo), muitas vezes, me peguei construindo-o em minha mente.

Esta é um demonstração, caro leitor, de que, muitas vezes, o ser carrega o inferno pendurado em seu pescoço e nem percebe.

Falei a ele:

– Mesmo o céu que lhe foi vendido de forma muito pobre ou o inferno que lhe foi vendido com maior riqueza de detalhes, afirmo-lhe, não existem. O que há, caro irmão Haroldo, na Criação do Pai, são níveis ou, melhor dizendo, faixas vibratórias que atraem os seres afinizados com seus magnetismos. É como um ímã que puxa as pessoas após o desencarne para seus ambientes onde elas têm maior afinidade.

– Mas e eu, que nunca parei em lugar algum?

– O senhor nunca parou em moradas espirituais, meu irmão! Porém, em espírito, nunca conheceu nada além da primeira faixa vibratória ascensa, como também nunca conheceu nada do que existe abaixo do plano material, ou seja, as trevas.

– Mas, então, o céu para mim é esta faixa vibratória onde nunca me encontrei. E, pelo que o senhor fala, o inferno existe. Se não me afinizei com esta faixa vibratória ascensa onde sempre estive, isto significa que devo ir para o inferno?

– Não, caro irmão, obviamente que não! Perceba, o senhor só transitou este tempo todo pela primeira faixa ascensa, porque com ela estava afinizado. O que sempre ocorreu foi a sua insatisfação com o que chama de "falta do que fazer" nas moradas espirituais onde esteve. Se realmente não estivesse afinizado com a primeira faixa ascensa, talvez nem estivesse aqui conversando comigo e já tivesse caído há muito tempo.

Ele ficou me olhando, espantado. Silenciei por um minuto, fiquei olhando em seus olhos e voltei a falar:

– E esqueça essa sua ideia equivocada de inferno. As faixas vibratórias negativas são necessárias à Criação e têm a função de corrigir o mental desvirtuado dos seres.

– Tento entender, mas confesso, Senhor Exu Caveira, que ainda é muito difícil para mim!

– Compreendo perfeitamente a sua dificuldade, irmão Haroldo! Vamos trabalhar! Não há forma melhor de transmutar sua consciência do que levando o senhor ao convívio de realidades jamais imaginadas antes.

Pusemo-nos a caminhar pelo cemitério. Passei a apresentar a Haroldo várias realidades naquele ponto de forças, mostrando a ele o trabalho de espíritos manifestadores de Mistérios Espirituais Humanos da Esquerda (Exus, Pombagiras, Exus-Mirins e Pombagiras-Mirins) que naquele campo-santo labutavam.

Em dado momento, percebi-o muito impressionado, porém, satisfeito.

Falou-me:

– Senhor Exu Caveira, estou muito satisfeito com o que vejo. Nunca imaginei que pudesse haver tanta vida pulsante no lado espiritual de um cemitério. Como se trabalha aqui, meu irmão Guardião!

– Nas moradas onde o senhor esteve também se trabalha muito, irmão Haroldo!

– Eu sei que sim, mas nunca consegui me identificar com o trabalho de outras moradas, como está acontecendo agora, neste campo-santo. Parece que algo, há muito adormecido, desperta dentro de mim.

– Digamos que o senhor esteja descobrindo sua "atração magnética", caro irmão! Após muito tempo caminhando e procurando algo que nem sabia o que era, o "ímã" do cemitério o atraiu, porque aqui é o seu lugar.

— Nunca gostei de tirar conclusões precipitadas, caro Guardião, mas vou considerar bastante esta sua observação.

Voltamos para a pedra. Percebia que, além de impressionado, Haroldo estava muito reflexivo.

Olhando fixamente em seus olhos, falei:

— Já pôde chegar a alguma conclusão, irmão Haroldo?

— Estou bem próximo disso, Senhor Exu Caveira.

Apontei para uma árvore e disse a ele:

— Vá até aquela árvore, sente-se debaixo dela e reflita o tempo que achar necessário. Tenha certeza, ali, naquele pedaço da natureza, o senhor chegará às conclusões mais puras e sábias.

— Obrigado, caro Guardião!

Ele foi até a árvore, sentou-se e ali ficou por três dias e três noites. Procurei deixá-lo à vontade e garanti que nada nem ninguém o atrapalhasse em sua reflexão. Após concluída a reflexão, ele se levantou e dirigiu-se até a pedra:

— Posso conversar um pouco com o senhor, Guardião Exu Caveira?

— Estou ao seu dispor, irmão Haroldo.

— Quero conhecer mais da realidade onde o senhor e todos os manifestadores de mistérios espirituais da Esquerda labutam.

— Tem certeza?

— Absoluta. Concluí que o que faltava conhecer em minha vida era o lado escuro da Criação, Senhor Exu Caveira! Nunca tive esta experiência e hoje sei que a falta dela me agoniava quando estava na primeira faixa ascensa. Penso que tenho de conhecer tudo, de ponta a ponta, para, então, poder servir a Deus da forma que Ele quer e espera de mim.

– Sua conclusão é importante e correta, irmão Haroldo. Afinal, se nós não encontrarmos a plenitude em nós mesmos, nunca conseguiremos caminhar e, por consequência, servir ao Pai e à Criação d'Ele. E isso só ocorre com o senhor, porque, desde a origem, manifesta em seu íntimo a necessidade de servir a Deus. Em suas encarnações sempre buscou isso, por meio das religiões que praticou, da caridade para com os necessitados, porém, quando desencarnava, não encontrava este estímulo ou um motivo para trabalhar, pois, na faixa vibratória onde estava, não havia tantos espíritos necessitados ou carentes, ao menos, da forma que, no seu íntimo, almejava auxiliar. No fundo, bem lá no fundo da sua alma, o senhor sempre quis estender a mão aos irmãos mais necessitados. E isto lhe será possível a partir de agora, irmão Haroldo!

– E qual será o próximo passo, amigo Guardião?

– Bem, o senhor conhecerá comigo outras realidades, onde residem irmãos bem mais necessitados do que alcança sua imaginação.

– Nós iremos ao inferno?

– Depende, o senhor ainda carrega um inferno pessoal em seu pescoço?

– Creio que não.

– Então certifique-se bem disso, meu irmão, porque, nos lugares aonde iremos, é melhor não estar carregando em seu pescoço nada similar ao que falei, pois poderá sucumbir ao que verá e por lá ficar.

Ele arregalou os olhos. Continuei:

– Mas também não se preocupe tanto assim. Basta que tenha essa consciência e busque sempre orientar-se comigo quando tiver alguma dúvida. Estará amparado por mim, basta que não demonstre medo, pavor ou qualquer sentimento similar. E nenhum problema ocorrerá para consigo.

— Eu confio no senhor, Guardião Exu Caveira!
— Então, vamos partir, meu irmão. O trabalho, que não é pouco e é árduo, nos espera.

Quando me levantei, ele ainda me perguntou:
— Quanto tempo levará esta nossa viagem?
— Tempo indeterminado, caro irmão.
— Hum!...
— Mas, você, em dado momento, se esquecerá do tempo e só voltará a ter essa preocupação quando para cá voltar. Verá que onde estará o tempo não existe. E em todas as realidades onde só há uma realidade, ele não existe, caro irmão!
— Isso acontece em quais situações?
— Como já lhe disse, onde só há uma realidade.

Ele ficou refletindo por algum tempo, olhou para mim e falou:
— Então vamos, meu irmão Guardião!

Segurei em suas mãos. Volitamos dali para o início de nossa viagem de estudos.

Passeando pelo Embaixo

Transitei com Haroldo por inúmeras realidades nas faixas vibratórias negativas.

Levei-o às primeiras faixas e fomos descendo, gradativamente, para que ele fosse se acostumando com realidades estranhas à sua visão e compreensão.

Na primeira faixa, estivemos em alguns domínios onde se encontram seres ligados às religiões mais variadas e que desencarnaram endividados com a Lei por conta de numerosos desvios na fé e na religiosidade.

Descemos ainda à segunda faixa, onde ele pôde conhecer um domínio comandado por uma senhora das trevas que prendia e esgotava homens e mulheres negativados no Sétimo Sentido da Vida, a sexualidade.

Pude percebê-lo muito apavorado naquela ocasião.

Em dado momento, falei:

– Tome muito cuidado, Haroldo, com os sentimentos vibrados, porque, quanto mais densos forem, mais visíveis ficaremos aos que aqui vivem. E isso pode nos causar sérios problemas. Tenha em mente que, quanto mais sutilizado estiver o seu mental, mais "invisíveis" estaremos aos olhos deles.

Ele nada falou. Precisava que ele compreendesse o que eu lhe dissera, pois ainda desceríamos a outras faixas vibratórias mais densas, onde presenciaríamos coisas muito piores do que viu até ali.

Na terceira faixa vibratória negativa, levei-o ao encontro do Mago Yonah, Guardião do Mistério de Prisão e Reforma das Consciências, onde o espírito fica retido ao caixão a fim de reformar seu mental e ser reconduzido à senda evolutiva.

Lá chegando, fomos recebidos por aquele Guardião, que nos saudou:

– Senhor Exu Caveira, é muito bom vê-lo novamente! Vejo que hoje está acompanhado.

– Senhor Yonah, obrigado por nos receber. Este é Haroldo, um irmão que está transitando comigo por alguns lugares e conhecendo suas duras realidades espirituais.

O Guardião daquele mistério do Divino Pai Omolu olhou para Haroldo, mirando-o de cima a baixo, e falou:

– Muito bem, meu irmão! – olhou novamente para mim e perguntou: – E no que posso ajudá-los, irmão Guardião?

– Eu gostaria, se fosse possível, Senhor Yonah, que nosso irmão conhecesse, dentro dos limites impostos pela Lei e pelo Divino Pai Omolu, é claro, o Mistério de Prisão e Reforma das Consciências.

– É perfeitamente possível, Senhor Exu Caveira.

Imediatamente, a Maga Alva apareceu ao lado do Mago Yonah, saudando-nos (curvando levemente o corpo):

– Mestre Yonah, Senhor Guardião Exu Caveira! No que posso servi-los?

O Mago Yonah respondeu:

— Este irmão que acompanha o Guardião Exu Caveira é o senhor Haroldo. Está realizando estudos e veio conhecer o Divino Mistério por nós guardado. Por favor, Sra. Alva, acompanhe-o e, dentro do que sabe ser o possível, mostre a ele o que lhe for necessário.

— Perfeitamente, meu Mestre!

Alva e Haroldo saíram dali para um pequeno passeio por aquele domínio amparado pela Lei e pela Vida. Fiquei ali conversando com o Mago Yonah:

— Amigo Exu Caveira, vejo que mais uma vez seu trabalho está sendo registrado e será mostrado aos irmãos do plano material. Saiba que sou um entusiasta dessa ideia e desse tipo de trabalho. Já está mais do que na hora de os humanos que se encontram iludidos acordarem para a realidade.

— Assim quer o nosso Criador, irmão Yonah; assim quer nosso regente ancestral, o Divino Omolu; assim quer a Lei.

— Sei bem disso, Guardião! As coisas andam bem complicadas no plano material. O desequilíbrio impera por lá. Tenho muita noção disso quando vejo o estado dos espíritos recém-chegados aqui e que passam a viver sob a nossa tutela. E o mais triste nisso tudo, meu irmão, é que ainda assim suas conexões com o reino da ilusão perduram por muito tempo.

— Mas nada é para sempre, Senhor Yonah! Em algum momento, tudo isso cairá. É na queda brusca que os mentais acordam para a realidade. E lhe afirmo, não tardará tanto assim para que isso venha a se suceder com todos aqueles que ainda teimam ficar conectados com o oposto da Verdade.

— Assim espero, Senhor Exu Caveira!

Após algum tempo, Alva e Haroldo retornaram. Notei que ele estava muito abalado, chorando e soluçando.

Alva falou:

— Ele encontrou alguns entes queridos que jamais podia imaginar estarem retidos aqui em nossos domínios, Mestre!

O Mago Yonah olhou firmemente para Haroldo e falou:

— Caro irmão, você ainda conhecerá realidades em faixas vibratórias abaixo desta onde nos encontramos. E, só então, terá a real consciência de que todos aqueles que aqui estão encontram-se imunes dos males causados em outros domínios, especialmente, os que não são amparados pela Lei. O espírito que aqui se encontra, por demais se negativou durante a sua jornada. E, ainda assim, recebeu da Lei a oportunidade de reformar sua consciência sem ser "incomodado". Guarde minhas palavras, pois, se elas não lhe soam como verdadeiras agora, tenha certeza, lembrará delas tão logo comece a conhecer as mais cruéis realidades das trevas.

Haroldo, enxugando as lágrimas, agradeceu:

— Obrigado, senhor Yonah, pelas sua receptividade e pelas palavras. Tenha certeza de que, apesar da minha emoção, estou aprendendo como nunca antes em toda a minha existência.

O Mago Yonah sorriu, Alva também. Olhei para ele e disse:

— Isso é muito bom, e sinal de que nossa viagem está sendo proveitosa, irmão Haroldo. Mas, acho que já está na hora de seguirmos em frente, não é mesmo?

— Perfeitamente, Senhor Exu Caveira!

Despedimo-nos do Mago Yonah e da Maga Alva e dali partimos.

Já na quarta faixa vibratória negativa, transitamos por três domínios. No primeiro, mostrei a ele toda a bestialidade à qual um humano pode chegar. É nessa faixa vibratória que o espírito humano começa a bestializar-se.

Um pouco tenso, ele me perguntou:

— Por que isto acontece, Senhor Guardião Exu Caveira? O que leva o ser humano a isso?

— Os equívocos ininterruptos ao longo da jornada, caro irmão! O que, muitas vezes, aparenta ser um pequeno equívoco, pode ser a ponta de um fio de linha que desnudará o ser, ou a gota d'água para executar a sentença por ele mesmo proferida. Ao contrário do que muitos humanos pensam, senhor Haroldo, Deus não sentencia ninguém. Ele apenas criou a Sua Lei, que por todos nós deve ser seguida. Quem se autossentencia é o próprio ser humano, com suas atitudes mesquinhas, seu egoísmo e sua vontade de ser Deus, o que nunca será. Por isso sempre falo da insistência humana em viver no reino das ilusões. O reino das ilusões, meu caro irmão, nada mais é do que isso!

— Então, Senhor Exu Caveira, o plano material é o reino das ilusões?

— Não, irmão Haroldo, não é! O plano material da vida humana é uma faixa criada pelo Pai, justamente para juntar todos que não se podem unir nas outras faixas. Se aqui nas faixas negativas estão os seres afinizados com cada uma delas, na luz assim também o é. Mas, veja, todos estes seres, tanto os que se encontram nas faixas negativas quanto os que se encontram na Luz, podem se encontrar, por motivos diferentes e com uma finalidade semelhante, no plano material. Então, o plano material é uma bênção divina, tenha certeza disso, muito mal aproveitada e com sua função por demais desvirtuada pela mente humana.

— O senhor está me dizendo que quem destrói o plano material, digo, nas suas finalidades, é o ser humano?

— Sim, irmão Haroldo, não só no seu fim, como no seu meio também. Deus manifesta-se para todos os Seus filhos no plano material por intermédio da Natureza. E o que os Seus filhos fazem com Ela?

– Eles a destroem, senhor Guardião. Mas, se eu falei que desvirtuam na finalidade, que é sua função, o fazem através do seu mental desvirtuado. E o senhor me falou que destroem a partir do meio, que é a Mãe Natureza... e assim o fazem por conta do seu mental desvirtuado. Então, se falamos em fim ou finalidade, em meio, temos nessa resposta o início. Porque o início de tudo é o mental humano desvirtuado, correto, Senhor Exu Caveira? O início de tudo está no mental desviado, que acaba prejudicando o meio, que é a Mãe Natureza manifestadora do Deus Pai Criador, que lá está para nos beneficiar, e finalmente nas funções do plano material que, se na origem são evolutivas, ao final, por conta do ser humano, estão cada vez mais distantes disso.

– Está perfeito seu raciocínio, irmão Haroldo! Vejo que o senhor está aproveitando muito bem tudo o que está vendo, absorvendo o que está aprendendo. A transmutação já ocorre a passos largos na sua alma.

Ele sorriu, satisfeito.

Visitamos, ainda na quarta faixa vibratória negativa, mais dois domínios. Haroldo, àquela altura, já possuía uma compreensão mais apurada da realidade nas trevas e podia discernir melhor os seus aprendizados naquele passeio pelo embaixo.

Já não se emocionava mais tanto como no início da viagem.

Não estava embrutecido, mas manifestava seu amor pela Criação com maior compreensão. O conhecimento nunca embrutecerá o ser nem apagará a sua emoção, mas trará a ele maior compreensão do porquê de as coisas acontecerem de tal forma. E, sem exacerbar suas emoções, terá condições de, por amor à Criação e a todos que nela habitam, trabalhar pela sua melhoria e constante evolução.

Um agente da Lei não deve temer as trevas, também não deve se emocionar demais com o que vê, pois assim não conseguirá trabalhar como deve. Mas também não deve se embrutecer. A Lei está ligada ao Amor, à Fé, ao Conhecimento, à Justiça, à Evolução e à Geração. O ser que não se enquadrar nesses sete sentimentos básicos, não pode ou ainda não possui condições de atuar como um agente da Lei.

Após ter conhecido algumas realidades nas trevas, Haroldo retornou comigo para o campo-santo. Lá, debaixo da árvore onde havia refletido por três dias e três noites, nos pusemos a conversar por longas horas. Em dado momento, ele me falou:

– Senhor Guardião Exu Caveira, não sei exatamente o que a Lei reserva para mim, mas gostaria muito de servi-La da melhor forma possível. Quero dizer que me identifiquei muito mais com o trabalho feito lá embaixo pelos senhores, agentes da Lei, da Vida, do Amor e da Evolução, e gostaria de contribuir de alguma forma.

– Meu caro irmão Haroldo, o trabalho realizado pela Lei em todas as faixas (sejam positivas ou negativas) da Criação, especialmente aqui na nossa dimensão humana, é importantíssimo! Tomo como exemplo os trabalhos que o senhor presenciou em tantas moradas na primeira faixa ascensa. São maravilhosos, fundamentais, essenciais e amparados pela Lei. Apenas, o senhor, a partir do seu magnetismo mental, com aquele tipo de trabalho, não conseguiu se conectar e veio a identificar-se com o trabalho realizado por nós, nas faixas negativas. Mas, digo-lhe também que esta sua identificação ficou até pouco tempo apagada, porque assim quis o Criador. Ele queria que o senhor conhecesse profundamente o trabalho realizado naquelas moradas e naquela faixa vibratória. Por algum motivo que só Ele sabe, irmão Haroldo, isto se fazia necessário para a sua evolução. Saiba que tudo aconteceu ao seu tempo. Falo da sua insatisfação, seu encaminhamento para cá e todas as descobertas mais recentes, as quais já estavam planejadas pelo Pai.

– Compreendo perfeitamente, Senhor Exu Caveira!

– Porém, preciso informar também ao senhor que passará agora por uma preparação aqui no campo-santo, a fim de que, em pouco tempo, possa servir à Lei com desenvoltura, conhecimento e força.

– E como será esta preparação, caro Guardião?

Olhei para o lado esquerdo daquele homem, onde apareceu um Exu, com rosto fino, sorriso largo, cavanhaque, trajando calça e camisa pretas, capa vermelha, chapéu vermelho. Gargalhou muito alto.

Saudei-o:

– Salve o Senhor Exu das Sete Encruzilhadas!

Ao que ele me saudou também:

– Salve o Senhor Exu Caveira!

Dirigi-me a Haroldo:

– Irmão Haroldo, este é o irmão Exu das Sete Encruzilhadas, que fez sua guarda durante a sua encarnação. Guaridão este ao qual, muitas vezes, o senhor ouviu, achando tratar-se do seu anjo de guarda (o que não deixa de ser verdade, de alguma forma), mas, por tantas outras não ouviu ou bloqueou a conexão. A partir de agora, ele estará ao seu lado, aqui no campo-santo, preparando-o sob os desígnios do Divino Obaluayê, a quem o senhor servirá como agente da Lei. O senhor será um agente da Lei, da Evolução e da Fé, em nome dos Sete Sentidos de Deus.

Haroldo nada falou, apenas absorvia todas aquelas informações, satisfeito, pois havia encontrado finalmente, após tanto tempo, o seu caminho.

A preparação de Haroldo, se contada no tempo do plano material, levou cinco anos.

Sempre acompanhado, amparado e orientado por aquele manifestador do Mistério do Senhor Exu das Sete Encruzilhadas, foi recebendo orientações e iniciações que lhe permitiram iniciar o trabalho ali mesmo no campo-santo.

Labutou ao lado daquele Guardião por um bom tempo e teve, por intermédio dele, acesso a muitos outros mistérios, magias e iniciações.

Após o período de preparação, esteve à frente dos Guardiões da Lei, da Justiça, da Evolução, da Fé, da Vida, do Amor e do Conhecimento, onde fez um juramento de fidelidade, amor e serviço à Criação. E saiba, caro leitor, este tipo de juramento quando feito, é uma estrada sem retorno.

Aquele que nela recuar, encontrará um abismo muito fundo, aparentemente sem fim. Aquele que nela estacionar, será imediatamente consumido por um abismo que se abrirá abaixo dos seus pés.

Só está a salvo nesta estrada aquele que caminha constantemente, sem parar e com um único objetivo: evoluir, crescer e contribuir para a evolução e o crescimento da Criação Divina.

Haroldo, naquele juramento, entregou seu livre-arbítrio nas mãos de Deus e dos Sagrados Orixás.

Você se apavora com isso? Você nunca entregaria o seu livre-arbítrio? Pois digo que eu já entreguei o meu e há muito tempo, aliás!

O livre-arbítrio é um ótimo recurso acelerador da evolução humana, saiba disso. Por meio dele fazemos nossas escolhas, acertando, errando e aprendendo com tudo o que escolhemos.

Mas, entregar seu livre-arbítrio nas mãos de Deus não deveria assustar alguém, se este alguém realmente quer servir a Deus.

Esta entrega não está sendo feita nas mãos de qualquer ser, e sim na mão de quem nos deu a vida. Então, concluo que entregar o livre-arbítrio a Ele foi o ato mais inteligente de toda a minha existência.

Eu sei que quem ainda vive no reino da ilusão, seja em sua sucursal no plano material ou em sua origem, nas trevas, discordará de mim e até me chamará de louco.

Mas, não há problema algum nisso, porque, mais cedo ou mais tarde, todos esses que hoje assim pensam estarão aqui, ao meu lado, dizendo-me: "O senhor tinha razão, Senhor Exu Caveira! Como pude não enxergar isto antes?".

Assim será, tenha certeza, caro leitor.

Um certo dia, após seu juramento, Haroldo procurou-me no campo-santo. Era uma noite de Lua Minguante e eu estava sentado sobre a pedra, refletindo.

– Boa noite, irmão Exu Caveira!

– Boa noite, irmão Haroldo!

– Vim aqui para agradecer ao senhor por tudo o que fez por mim. E quero que saiba que foi fundamental na transmutação do meu mental, da minha consciência.

– Não há o que agradecer, irmão Haroldo, apenas cumpri com minha função.

– Mesmo assim, fiz questão de vir aqui fazê-lo, irmão Guardião.

Levantei-me, abraçamo-nos e, emocionados, choramos.

Haroldo saiu dali, naquela noite, acompanhado do Senhor Exu das Sete Encruzilhadas para labutar em algum ponto da Criação que estava necessitando dos serviços deles.

Eu fiquei sobre a pedra, refletindo, quando, à minha frente, apareceu uma mulher.

– Pensativo, Senhor Exu Caveira?

– Senhora Maria Molambo do Cruzeiro, que bom vê-la novamente...

– Pois é, irmão Guardião, eu que venho aqui procurá-lo sempre quando estou precisando, não é mesmo?

– Assim são nossas vidas, irmã Guardiã! Sei que a labuta não nos permite estarmos juntos por mais vezes e por mais tempo. Mas, o que guardamos no coração substitui e supera qualquer presença.

– O senhor, sempre muito sábio, mais uma vez tem razão.

– No que posso ajudar, minha irmã, neste momento?

– Há uma tenda, na qual sou a responsável pela guarda à Esquerda, irmão Exu Caveira, que está passando por maus bocados.

Fiquei escutando-a atentamente, que prosseguiu:

– Minha tutelada e protegida está sofrendo ataques espirituais. É certo que ela errou quando se envolveu amorosamente com um médium da casa. Esse médium agora está cobrando dela a separação. E isto, o senhor sabe muito bem, está prejudicando energeticamente a casa, os trabalhos estão cada vez mais fracos, tanto na Esquerda quanto na Direita. Tenho tentado de tudo, ao lado dos Exus que protegem minha menina. Seus Caboclos e Caboclas também têm trabalhado muito, mas este homem com o qual ela se envolveu está cada vez mais conectado com senhores das trevas. Está sendo o portal humano de entrada de domínios trevosos naquela casa, senhor Exu Caveira!

– Entendo, irmã Guardiã! Diga-me quando será o próximo trabalho e a acompanharei até lá. Primeiramente, só observarei, não atuarei. Depois, juntos, podemos montar nosso esquema de trabalho.

– Que assim seja, caro Guardião! Mas quero que saiba que a situação está insustentável. A cada trabalho, algo negativo acontece. Sempre um médium da casa cai, passa mal, ou algumas vezes acontece isso com alguém da assistência. É por isso que lhe procuro neste momento, Senhor Exu Caveira!

– Compreendo, Senhora Maria Molambo do Cruzeiro, mas peço que tenhamos cautela, para que possamos dar o tiro certeiro. Já tenho uma ideia do que fazer e consigo visualizar o que tem acontecido lá. Com paciência e agindo corretamente seremos bem-sucedidos, garanto-lhe!

– Confio no senhor, Guardião Exu Caveira!

Ela se despediu de mim e volitou dali.

Fiquei pensando em mais aquela missão que me era incumbida. Exu Caveira não foge da luta. E se senhores e senhoras das trevas se aproximavam daquela tenda, a fim de perturbar os trabalhos espirituais, desestabilizando todos e conectando-os ao embaixo, sentiriam, a partir de então, a ira e a força do meu cetro.

Por amor a Deus e à Sua Criação, não permitiria que destruíssem o trabalho daquela tenda de Umbanda.

Então, já me encontrava decidido quando recebi uma irradiação do Pai Omolu, que era simples, mas me dizia:

"Mais uma vez, meu filho, você está sendo designado para resolver um problema que não deveria existir e que foi causado pelos desvios humanos no Sétimo Sentido da Vida. Novamente, meu filho, você está, como Guardião cósmico deste sentido, tendo como desafio em sua jornada mostrar àqueles que procuram realizar suas missões assumidas antes do reencarne que o trabalho espirital e magístico está em suas vidas para, primeiramente, corrigir as suas próprias imperfeições e, em seguida, para o auxílio aos seus semelhantes e à Evolução contínua da Criação. Mas nunca para ser usado em nome da vaidade, da ilusão, do egocentrismo, do egoísmo ou em busca de mesquinhos benefícios próprios. Tenha isso muito forte em sua mente, meu filho, pois, neste trabalho específico, terá de ser muito severo e implacável com alguns filhos de meu Pai."

Ouvi atentamente, absorvendo cada palavra do que fora dito pelo meu Divino Senhor Omolu.

Decidi que ficaria atento, alerta, mais do que o normal naquele caso. E comecei a me preparar para aquela tarefa.

Mas, tudo isso contarei no capítulo posterior ao comentário a seguir...

Terceiro Comentário do Senhor Exu Caveira

Um espírito perdido e que nunca caiu.

Podemos definir Haroldo desta forma ou, simplesmente, como um espírito que passou milênios tentando se encontrar.

Talvez, no fundo, as duas formas se encontrem, mas, ainda assim, prefiro a segunda, porque define melhor, na minha opinião, o que se passou com ele durante tanto tempo.

Quantos "perdidos" ou "querendo se encontrar" habitam neste momento o plano material da vida humana? Quantos, que até a esta obra chegaram, assim se sentem ou já se sentiram em algum momento?

E você, assim se sente?

A busca constante pela própria essência é uma obrigação de cada um de nós. E muito mais do que uma obrigação com Deus e Sua Criação, é uma obrigação para conosco.

Conhecedores de nossas essências, garanto, podemos caminhar reto, sabendo de onde viemos e para onde vamos.

Você acha difícil, complicado?

Eu, sinceramente, não acho. Penso que se o ser humano conseguir livrar-se das amarras da ilusão, aí sim, terá esta verdade descortinada à sua frente.

A ilusão leva à densificação mental e, por consequência, dos sentidos. Então, o ser, desconfiado, passa a crer que tudo o que se opõe à ilusão é obra fictícia. E considerará este livro assim também.

Pois bem, se assim pensa, então, por que chegou até aqui? Já deveria ter fechado o livro, não é mesmo?

Se chegou até aqui, convido-o a concluí-lo e depois refletir. Mas, se minhas palavras o incomodam, sem problemas, feche o livro agora.

A ilusão é como um rato que habita sua roupa, ou como vários ratos habitando todas as suas roupas. Fará mal a você o tempo todo.

Mas você não consegue perceber esse bichinho e fica procurando a causa dos seus problemas externamente. E ela está justamente em sua roupa, ou seja, dentro de você.

Haroldo conseguiu perceber que tinha sim uma função na Criação, como tem qualquer filho de Deus. Ele criou todos nós com um propósito único para cada um.

Haroldo descobriu após muito tempo. Mas, o que é o tempo, se temos toda a eternidade para evoluir, não é mesmo?

Reflita acerca do exemplo demonstrado nesta história que acabei de reproduzir. E, prepare-se, porque o próximo relato será bem movimentado...

Na Tenda das Vaidades

No dia marcado, a Senhora Maria Molambo do Cruzeiro encontrou-me no campo-santo e, dali, partimos para a tenda chefiada pela sua protegida.

Ao nos aproximarmo da casa, já pude perceber a presença de vários espíritos zombeteiros ao seu redor. Alguns ao nos verem afastaram-se, outros simplesmente nos ignoravam, mas também não nos desafiavam.

Quando lá chegamos, os médiuns já preparavam o ritual e algumas pessoas tomavam seus lugares na assistência.

Os centros de Umbanda espalhados pelo Brasil afora têm essa característica tão comum, que é a proximidade entre as pessoas que trabalharão no culto e aqueles que lá foram buscar atendimento.

Isso faz com que as pessoas se sintam em casa, em família. Exceto, é claro, quando há desvios espirituais no templo.

e convenceu-se de que precisava trabalhá-la para poder viver com qualidade.

Realmente, as consultas naquele centro reformaram o modo de pensar e viver daquele homem.

Certo dia, a amiga de Joaquim convidou Maria para o aniversário de sua pequena filha. Lá, encontrou Joaquim, conversaram bastante, trocaram telefones, começaram a se falar fora do ambiente de terreiro e acabaram, inevitavelmente, enamorando-se.

Durante 18 meses, o relacionamento deles andou bem, e foi nesse período que Joaquim vestiu pela primeira vez sua roupa branca, pisando no chão do terreiro como médium de Umbanda.

Porém, todos os médiuns e os assistentes mais frequentes da casa sabiam do envolvimento dele com a "mãe de santo".

E nem preciso dizer aqui que tudo isso gerou pequenas fofocas. Daquelas que ocorrem nos terreiros antes de o trabalho começar, e até mesmo durante, quando muitas vezes os Guias suplicam para que as pessoas permaneçam em silêncio e orando.

Após esse período, o relacionamento de ambos começou a ruir... e passou a refletir nos trabalhos.

O carma começava a agir. A Lei, que colocara novamente ambos frente a frente, a fim de que resolvessem suas pendências, com seus olhos que nunca fecham, a tudo observava. E via que, em vez de unirem-se pela fé, mais uma vez, iriam se confrontar pela vaidade.

E foi exatamente isto que aconteceu, caro leitor: romperam o relacionamento amoroso e passaram a travar, veladamente, dentro do templo, uma batalha de vaidades.

Isto não deve ocorrer em templo religioso algum, em hipótese alguma!

Na Tenda das Vaidades

No dia marcado, a Senhora Maria Molambo do Cruzeiro encontrou-me no campo-santo e, dali, partimos para a tenda chefiada pela sua protegida.

Ao nos aproximarmo da casa, já pude perceber a presença de vários espíritos zombeteiros ao seu redor. Alguns ao nos verem afastaram-se, outros simplesmente nos ignoravam, mas também não nos desafiavam.

Quando lá chegamos, os médiuns já preparavam o ritual e algumas pessoas tomavam seus lugares na assistência.

Os centros de Umbanda espalhados pelo Brasil afora têm essa característica tão comum, que é a proximidade entre as pessoas que trabalharão no culto e aqueles que lá foram buscar atendimento.

Isso faz com que as pessoas se sintam em casa, em família. Exceto, é claro, quando há desvios espirituais no templo.

O que não é de exclusividade da Umbanda, porque há desvios espirituais muito piores em templos gigantescos de religiões abstratas.

Ainda assim, os espíritos zombeteiros que se encontravam lá fora tinham apenas o intuito de perturbar, pois sabiam que não conseguiriam adentrar aquele ambiente. O maior problema seriam aqueles que chegariam junto ao médium que estava provocando o desequilíbrio naquela tenda.

Pouco os Guardiões podem fazer quando um médium de determinado templo se negativa e acaba acoplando a seu corpo áurico entidades negativadas, emissárias de senhores das trevas.

Quando isso ocorre, deve haver uma atitude por parte do dirigente espiritual encarnado da casa. Primeiro, conscientizando o médium do que está passando e do quão prejudicial é para ele e para os trabalhos. Depois, com ele já conscientizado, deve trabalhar magisticamente, dentro da religião, para afastar esses espíritos e energias negativadas. Porém, se ainda assim o médium não se conscientizar, deve o dirigente convidá-lo a retirar-se dos trabalhos e, após concretizada a sua saída, promover uma limpeza renovadora da casa, utilizando as forças dos Guias Espirituais que o amparam, assim como dos Orixás.

Pode ser doloroso para muitos na casa ou para o próprio dirigente este tipo de atitude, mas, nesses casos, quando nada mais se pode fazer, ou toma-se esta providência ou os trabalhos podem chegar ao fundo do poço.

Não tardou para que o médium chegasse ao templo. Apareceu uma hora antes do horário marcado para início dos trabalhos. Seu nome era Joaquim. A dirigente espiritual, sua ex-amante e atual desafeto, chamava-se Maria.

Maria procurava tratá-lo bem, mas era notório o incômodo entre ambos. Ele, cinicamente, sorria para ela.

Ela sabia mensurar a falsidade dele e, se bem o tratava, era mais por medo do que por cortesia.

Estava muito insegura diante daquela situação. E a insegurança de um médium, caro leitor, saiba, bloqueia a conexão com seus Guias Espirituais, prejudicando por demais nossa atuação.

Porém, quando um Guia Espiritual age como Dona Maria Molambo do Cruzeiro, indo buscar ajuda com outro Guia de Lei que não pertence à médium dirigente, ganha com esse recurso a força de um franco atirador.

E, como franco atirador, Exu Caveira estava lá, pagando para ver quem ousaria desafiar este mistério espiritual humano.

A casa tinha 12 médiuns, incluindo Joaquim, mais a dirigente, Maria. Naquele dia, haveria louvação à Divina Mãe Oxum e, em seguida, trabalho de Caboclos e Caboclas.

Iniciaram o ritual.

Na tronqueira, a médium dirigente saudou Dona Maria Molambo do Cruzeiro e todos os Exus e Pombagiras da casa. A Pombagira que até lá havia me conduzido e eu assistimos a tudo às costas dela.

Dona Maria Molambo do Cruzeiro olhou-me e disse:

— Sirva-se da essência de qualquer um desses elementos que venha a precisar aqui, hoje, durante os trabalhos, Guardião Exu Caveira!

— Usarei do fogo somente, mas antecipo que nada farei, apenas a tudo observarei. Só atuarei caso os negativados que acompanham aquele homem tentem abusar.

— Faça como achar melhor, irmão Guardião!

Os trabalhos se iniciaram. O ogã começou a tocar para vários Orixás, que iam baixando em seus médiuns. Ao final, tocou para a Sagrada Mãe Oxum, Orixá de frente da casa e de Maria, a médium dirigente.

A Senhora Oxum acoplou-se à aura de Maria e promoveu uma revolução naquela casa.

Todos os médiuns ajoelharam-se aos pés dela. Nós, os Guias Espirituais ali presentes, também nos ajoelhamos.

Joaquim ajoelhou-se, curvou a cabeça e teve sobre seu mental depositada toda a ira daqueles negativados que o acompanhavam.

Nos primeiros instantes, com a testa encostada ao chão, sentiu boas sensações porque recebia os eflúvios de Amor da Sagrada Mãe Oxum.

Mas, rapidamente, os seres já ligados a ele mentalmente ficaram à sua volta e passaram a atormentá-lo. O chefe deles, que ficava mais à frente, tentava acoplar-se à sua aura para nele incorporar e desestabilizar o trabalho.

Isto só não se concretizou porque o Preto-Velho que o acompanhava, Senhor Pai João da Guiné, colocou sua bengala na cabeça do médium e, se não impedia o contato daqueles seres com ele, ao menos impedia que se acoplassem à sua aura e concretizassem a incorporação.

Ainda assim, sei que alguém lerá este relato e questionará: "Mas por que ninguém, que fosse o próprio Guia dele ali presente, os Guias da casa ou até mesmo a Orixá de frente da casa, nada fizeram para impedir tal investida?".

Respondo de forma muito simples: "Quem buscou conexão com esses seres foi ele. Só dele poderia partir a iniciativa para cortar esses cordões".

Joaquim estava visivelmente atormentado durante o trabalho da Divina Mãe Oxum. E, informo, a presença dela durante todo aquele ritual, mesmo quando desacoplou da aura de sua médium, garantiu que aqueles seres negativados não investissem contra outros médiuns e a assistência.

Ela, à frente do congá, elevada, como se flutuasse acima de todos, a tudo assistia.

Olhava para todos com Amor porque ela é o próprio Amor Divino, mas, quando olhava para Joaquim, emitia ondas vibratórias ativas e fulminantes.

Ele, Joaquim, quando olhava para o congá nada via, mas, passava mal, sentia tonturas.

Os seres negativados à sua volta tentavam atormentá-lo... e conseguiam.

Pai João da Guiné, parado à sua frente, tentava reanimá-lo, mas ele estava com uma conexão forte demais com aqueles seres.

Se a presença da Divina Mãe Oxum naquela casa garantiu que nada de mal acontecesse aos médiuns, à dirigente ou a qualquer pessoa da assistência, também serviu para "virar o feitiço contra o feiticeiro", "fazer o tiro sair pela culatra", porque, com seu Divino Poder, conseguiu bloquear todas as ondas vibratórias negativas emitidas por aqueles seres em torno deles e de Joaquim.

E, naquele dia, ele caiu. Passou mal, vomitou, quase desmaiou.

Dona Maria Molambo do Cruzeiro olhou-me e falou:

– A presença de Mãe Oxum no trabalho de hoje garantiu, ao menos, que não houvesse a balbúrdia de outras vezes, quando alguns médiuns e assistentes caíram passando mal. Ao menos, foi só ele, o causador de tudo o que está ocorrendo de negativo aqui.

– Sei disso, minha senhora, mas ainda assim o problema não está resolvido.

– Eu sei, Guardião Exu Caveira! Mas, o senhor sabe, foi a própria Mãe Oxum quem solicitou ao Divino Pai Omolu a sua presença aqui a partir de hoje.

– Sei disso, minha senhora, sei disso! E é por isso que hoje estou apenas observando. Pedi ao Pai Omolu que assim fosse. E acredito que ele deve ter comunicado à Divina Oxum. Ela sabe que estou aqui hoje só para observar e, por isso, veio pessoalmente (sem mandar qualquer emissário) para garantir a estabilidade neste ambiente.

– Com certeza assim ocorreu, irmão Guardião!

Com o trabalho encerrado, Joaquim recuperava-se. Um médium alcançou-lhe um copo d'água. Maria aproximou-se, sentou ao lado dele e perguntou:

– Está tudo bem, Joaquim?

– Está sim – respondeu ele cinicamente, emitindo ondas de rancor para sua ex-amada.

Todos os espíritos ali presentes observavam as reações e pensamentos daquele homem. Pai João da Guiné, muito triste, ao lado direito dele a tudo acompanhava. Os seus "amigos" negativados, não suportando as ondas emitidas pela Divina Mãe Oxum, retiraram-se, deixando-o à própria sorte.

Agora, resumidamente, contarei como se deram os encontros e desencontros de Maria e Joaquim nesta última encarnação.

Amores, desafetos, raivas, rancores e ódios entre eles tornaram-se sentimentos comuns entre muitos encontros, em várias encarnações. Porém me deterei neste momento ao que aconteceu nesta última.

Maria, ainda adolescente, começou seu desenvolvimento mediúnico na tenda de sua tia.

Aos 21 anos já assumia a responsabilidade de conduzir os trabalhos, em decorrência de uma doença degenerativa que acometeu sua tia, que veio a falecer em seguida.

Ficou como herdeira natural do trabalho de sua tia. Não manteve os trabalhos na mesma casa, mudou-se, mas a maioria dos médiuns e assistentes que trabalhavam com sua tia ao final da vida dela prosseguiu com Maria.

Joaquim andava tendo sérios problemas na vida. Mais velho que Maria nove anos, chegou ao centro por ela comandado com uma amiga, que já frequentava a casa e o levou até lá.

Passava por problemas financeiros, algumas complicações de saúde e era descrente em Deus e nas religiões. Porém, como todos aqueles que, na hora do aperto acabam procurando alguma religião, lá estava, certo dia, Joaquim sentando na assistência, esperando para ser atendido por algum Guia da casa.

Mas sua amiga, que era uma frequentadora assídua do templo, fez questão de pedir a Maria que atendesse Joaquim.

Eis o primeiro erro, aparentemente inofensivo. Uma casa séria não deve abrir concessões, exceções, a não ser em casos especiais, como doença grave ou de pessoas que venham de muito longe.

Quando se começa a abrir concessões neste sentido, privilegiando este ou aquele, tenha certeza, buracos negros começam a ser abertos na casa, por onde entram energias e entidades que, todos sabemos bem, nunca são bem-vindas.

Ainda assim, Maria atendeu Joaquim. Era um gira de Pretos-Velhos. O rapaz saiu de lá satisfeito após ter consultado com Dona Redonda, a Preta-Velha de Maria que o atendera naquele dia.

E realmente a consulta fizera muito bem a ele, pois, se lá entrara descrente, saíra com fé e confiança em si mesmo. O que, naquele momento, era uma grande vitória.

Ele continuou frequentando o templo e sempre consultando-se com os Guias de Maria. Soube da sua mediunidade e convenceu-se de que precisava trabalhá-la para poder viver com qualidade.

Realmente, as consultas naquele centro reformaram o modo de pensar e viver daquele homem.

Certo dia, a amiga de Joaquim convidou Maria para o aniversário de sua pequena filha. Lá, encontrou Joaquim, conversaram bastante, trocaram telefones, começaram a se falar fora do ambiente de terreiro e acabaram, inevitavelmente, enamorando-se.

Durante 18 meses, o relacionamento deles andou bem, e foi nesse período que Joaquim vestiu pela primeira vez sua roupa branca, pisando no chão do terreiro como médium de Umbanda.

Porém, todos os médiuns e os assistentes mais frequentes da casa sabiam do envolvimento dele com a "mãe de santo".

E nem preciso dizer aqui que tudo isso gerou pequenas fofocas. Daquelas que ocorrem nos terreiros antes de o trabalho começar, e até mesmo durante, quando muitas vezes os Guias suplicam para que as pessoas permaneçam em silêncio e orando.

Após esse período, o relacionamento de ambos começou a ruir... e passou a refletir nos trabalhos.

O carma começava a agir. A Lei, que colocara novamente ambos frente a frente, a fim de que resolvessem suas pendências, com seus olhos que nunca fecham, a tudo observava. E via que, em vez de unirem-se pela fé, mais uma vez, iriam se confrontar pela vaidade.

E foi exatamente isto que aconteceu, caro leitor: romperam o relacionamento amoroso e passaram a travar, veladamente, dentro do templo, uma batalha de vaidades.

Isto não deve ocorrer em templo religioso algum, em hipótese alguma!

Se ele se permitiu negativar, ela, na condição de "mãe de santo", deveria até mesmo tomar uma atitude mais radical, como citei anteriormente, afastando-o da casa e garantindo a estabilidade dos cultos.

Porém, ela não possuía tanta coragem assim. E, por mais que muitas vezes tivesse vontade de tomar essa atitude, a vaidade atiçava nela o medo e, logo em seguida, a vontade de "superá-lo" no pior sentido que você possa entender deste vocábulo.

E assim se deu todo o processo que culminava naquela gira em que estive presente. Em 15 dias, haveria uma gira de Esquerda para Exus e Pombagiras.

Como não havia naquele templo nenhum médium que trabalhasse com o Mistério Exu Caveira (apenas uma das médiuns tinha minha proteção, mas poucas vezes havia trabalhado com esse mistério), resolvi atuar somente nos "bastidores", ou seja, espiritualmente, calcando-me, quando necessário, no Exu ou na Pombagira de algum médium para que transmitisse alguma mensagem necessária aos presentes.

Alguns dias após assistir àquele trabalho espiritual, reuni-me com Dona Maria Molambo do Cruzeiro e o Senhor Preto-Velho Pai João da Guiné, no campo-santo.

Sentado sobre a pedra, passei a falar-lhes como via a situação e como pretendia agir:

– Meus irmãos, creio que somente uma ação de combate a estes seres trevosos na próxima gira, que, coincidentemente, será de Quimbanda, poderemos anular os negativismos que acometem o seu tutelado, Pai João da Guiné – olhei para a Pombagira e continuei: – Mas, também, Senhora Maria Molambo do Cruzeiro, é necessário que sua protegida passe por uma reforma de sua consciência.

Ela, de cabeça baixa, respondeu:

– Eu sei, o Mestre Tutelar dela e sua Guia Chefe Espiritual já me cobraram isso, além, é claro, de terem me incumbido a responsabilidade por tal ato.

Olhei para Pai João da Guiné e perguntei:

– Meu bom senhor, há uma questão que me incomoda e gostaria de lhe perguntar: onde está o chefe de trabalhos à Esquerda do seu médium?

– Bem, Senhor Exu Caveira, o espírito que trabalha com ele à frente da sua Esquerda, e é manifestador do Mistério do Senhor Tiriri da Estrada, tem estado ocupado evitando que mais emissários do embaixo acoplem-se a ele. Por isso, eu fiquei no último trabalho cuidando dele, para que seu Exu trabalhasse mais distante dele, evitando tais aproximações, que, convenhamos, já estão demais, meu irmão! Este menino está nos dando muito trabalho! Mas, o Senhor Tiriri estará presente na próxima gira.

– Compreendo. Bem, minha pergunta tem um fundamento. Vou explicar ao senhor e à senhora: sabendo da questão cármica que há entre ambos, penso em antes do próximo trabalho trazermos ambos aqui à noite para que, frente a frente e sob nossos olhos, resolvam internamente suas questões. Minha intenção é, por meio desta ação, aliviar o que há entre eles, resolvendo tudo aqui, diminuindo o peso para a próxima gira, quando (se obtivermos êxito aqui) só nos preocuparemos com os seres negativados que lá estiverem tentando desestabilizar o trabalho. E, para isso, gostaria de contar com a ajuda do Senhor Tiriri da Estrada, caro Pai João da Guiné.

– Muito boa a ideia! – exclamou aquele Preto-Velho. – Vou conversar com ele, tenho certeza de que aprovará e se colocará à disposição.

A Senhora Maria Molambo do Cruzeiro completou:

– E eu vou solicitar a ajuda do Senhor Marabô, que é o Exu que trabalha ao meu lado na proteção da minha menina.

– Ótimo, minha senhora, ótimo! – falei.

Numa noite de Lua Minguante, a Senhora Maria Molambo do Cruzeiro e o Senhor Marabô foram buscar Maria em sua casa, enquanto dormia. Enquanto isto, o Preto-Velho Pai João da Guiné e o Senhor Exu Tiriri da Estrada faziam o mesmo com o médium Joaquim.

Não tardou para que aparecessem aqueles Guias à minha frente, que estava sentado sobre a pedra aguardando-os, com seus médiuns ali presentes.

Tiveram seus espíritos retirados dos seus corpos, durante o sono, pelos seus Guias Espirituais. Acreditavam estar em um sonho... Um sonho daqueles que se lembrariam perfeitamente quando acordassem, mas, em hipótese alguma, falariam sobre ele um com o outro, ou com outras pessoas.

Maria foi a primeira a perguntar:

– O que eu estou fazendo aqui?

O Senhor Marabô olhou-a fixamente com olhar de reprovação. Dona Maria Molambo do Cruzeiro falou:

– Você está aqui para acertar contas e pontas, minha amada!

Joaquim manteve-se em silêncio, mas o rancor era claro em seu olhar. Manteve-se a maior parte do tempo de cabeça baixa. Em momento algum ousou levantá-la para olhar para mim ou qualquer Guia ali presente, inclusive os seus.

Comecei a falar:

– Senhora Maria e senhor Joaquim, pedi gentilmente aos seus Guias Espirituais que os trouxessem aqui hoje, para que resolvamos de uma vez por todas essa "pendenga" cármica que há entre ambos.

Joaquim murmurou:

— Não sei do que está falando e não tenho nada para resolver com quem quer que seja.

Alterei a voz, dirigindo-me a ele:

— Com quem o senhor pensa que está falando? Olhe para mim!

Ele se manteve de cabeça baixa. Levantei-me e fui até ele com meu cetro na mão esquerda. Assim que me aproximei, o Preto-Velho Pai João da Guiné e o Senhor Tiriri da Estrada afastaram-se. Encostei meu cetro no queixo dele, aproximei minha boca no seu ouvido direito e, sussurrando, perguntei:

— O senhor sabe quem eu sou?

Ele apenas sacudiu a cabeça negativamente, com ar irônico. Empurrei meu cetro contra o queixo dele, que voou aproximadamente quatro metros para trás, caindo deitado de costas próximo a uma lápide. Em voz alta, falei:

— Agora o senhor sabe quem eu sou!

Aproximei-me dele, que continuava caído de costas, pus meu pé direito sobre seu peito, encostei com a mão esquerda meu cetro em sua testa e falei, sussurrando e em tom irônico:

— Eu sou Exu Caveira!

Voltei para a pedra, sentei-me e aguardei que o Senhor Tiriri o levantasse. Enquanto fazia isso, aquele Exu xingava muito seu protegido. E Pai João da Guiné a tudo assistia seriamente.

Ao lado do seu Exu e de sua Pombagira, Maria assistia a tudo muito assustada. Olhei para ela e perguntei:

— E a senhora, dona Maria, sabe quem eu sou?

Com voz levemente trêmula, respondeu:

— Sim senhor, seu Exu Caveira... tem o meu respeito e a minha reverência.

Sorri para ela e voltei a perguntar-lhe:

— A senhora sabe por que está aqui?

Joaquim, já recuperado e em pé entre seus guias, intrometeu-se:

– Claro que sabe, ela é a culpada por tudo!

Olhei para ele com raiva e, com a mão direita, apontei meu cetro na sua direção. Mais uma vez, em voz alta, falei:

– Cale a boca! Eu não o autorizei a falar. Em meus domínios só falam aqueles a quem eu dou a palavra. Compreendido?

Ele abaixou a cabeça e se manteve em silêncio.

Voltei meu olhar para Maria e prossegui:

– Senhora Maria, saiba que, mais uma vez, influenciada pela vaidade, cometeu um grande erro ao envolver-se com este crápula – sem tirar meus olhos dos dela, apontei meu cetro para ele com a mão direita – desestabilizando os trabalhos na Tenda da Divina Mãe Oxum do Ouro. Como pode não ter pensado nisso, minha senhora?

Ele mais uma vez intrometeu-se, dizendo:

– O senhor não pode me ofender desta forma!

Gritando, eu disse:

– Já falei para o senhor calar a boca! Está em minha casa! Aqui só fala quem eu quero e quando eu quero!

Mais uma vez ele abaixou a cabeça.

Maria, chorando, me disse:

– Eu não sei por que me envolvi com ele, sinto que nossa ligação é ancestral, mas não sei precisar de onde e quando nos conhecemos, Senhor Exu Caveira – soluçava muito e, já aos prantos, suplicou: – Desculpem-me, por favor!

Ele, com raiva, retrucou:

– Era só o que me faltava agora, esta mulher vir aqui se fazer de vítima e, todos, até os meus, se voltarem contra mim.

E foi nesse instante que, em voz alta, o Senhor Tiriri da Estrada falou:

– Já chega, cale a boca!

E, com a mão direita em seu peito, jogou-o ao chão. Prosseguiu:

– Você, seu moleque atrevido, está nos dando um trabalho desnecessário, saiba disso! Estamos ao seu lado para guardá-lo e propiciar que realize uma boa atuação como médium. Esta foi a missão a você designada, para que se recuperasse perante a Lei de todos os crimes que cometeu.

Gritando com seu Exu, porém, ao chão, ele se defendeu:

– Eu não cometi crime algum!

O Senhor Tiriri da Estrada colocou seu pé direito sobre a face dele, apertando sua cabeça contra o chão. Ele gemia e chorava muito. Aquele Exu ainda falou:

– Quem não comete crimes não cai ao chão duas vezes perante agentes da Lei! Quem não comete crimes não é humilhado em frente a outros irmãos pelo seu próprio Guardião! Você, seu canalha, está colhendo agora os frutos podres que plantou. Saiba, serei o primeiro a jogá-lo nas trevas quando desencarnar. Ou você se reforma daqui em diante, ou eu tratarei de jogá-lo em um domínio onde se reformará pela dor!

Com um olhar, Pai João da Guiné pediu que o Senhor Tiriri da Estrada cessasse com aquela ação corretiva. Ah, os Pretos-Velhos sempre tão bondosos! Saiba você, caro leitor, que se, muitas vezes, vocês encarnados, não têm ações corretivas mais severas aplicadas por nós Guardiões, é por conta da bondosa intervenção deles.

Pai João da Guiné levantou aquele canalha, colocando-o novamente de pé. Tomei mais uma vez a palavra e falei:

– Já que ambos permanecem com "amnésia", vou refrescar suas memórias. A senhora, dona Maria, em várias encarnações seduziu este senhor que aqui se encontra. É certo, amava-o, o amou muito, até mesmo na encarnação na Espanha, no século XIII, em que ele era um ladrão, um golpista. Não foram poucos os alertas de seu pai e sua mãe, à época, para que não desse "conversa" a este sujeito que aqui se encontra agora. Na Itália, no século XVI, a senhora já tinha poder e o exerceu para seduzir o plebeu, que era este pulha que aqui se encontra. Porém, ele já era o mau-caráter de hoje, e, além de dar-lhe um belo golpe do baú, ainda a matou envenenada. A ligação de vocês é longínqua, muito anterior ao que suas memórias neste momento podem acessar, caso tenham este privilégio. E se reencontraram para, juntos, resgatar este carma, trabalhando em prol dos necessitados de espírito, dos empobrecidos na alma, com o auxílio de uma religião que foi pensada e voltada para os humildes. Sendo assim, é inadmissível que lampejos de vaidade tomem a frente dos trabalhos, desestabilizando-os. Por isso, tenho um ultimato para os senhores; a Senhora Oxum e o Senhor Oxóssi, Orixás irradiadores daquele templo, assim como o Senhor Ogum, que é a própria Lei Divina, e é seu Orixá de Frente, senhor Joaquim, estão dando um ultimato aos senhores para que resolvam esta situação da melhor forma. Estão recebendo uma última chance. E, saibam, eu estarei no próximo trabalho. E, dependendo do desenrolar dessa história, aí então, o meu Divino Pai Omolu irá lá, pessoalmente, dar o golpe final. Que isso fique bem claro para ambos agora, pois acordarão se lembrando do que aqui passaram, viram e ouviram. Lembrarão, porém, envergonhados, não comentarão um com o outro este sonho (até mesmo, porque nem se falam mais direito) e nem com pessoas próximas, por pura vergonha. Mas espero que esta vergonha seja o primeiro passo para esgotar esses negativismos e renová-los intimamente. Não darei sentença alguma, pois ela está em suas consciências. Que aconteça o que for melhor para o bom desenrolar dos trabalhos naquela casa. Vocês não desequilibrarão aquele templo, a Umbanda não permitirá!

Ambos ouviram tudo em silêncio e assim permaneceram. Joaquim mantinha seu rancor no semblante, enquanto Maria, envergonhada, não parava de chorar.

Ambos foram encaminhados para seus lares pelos respectivos Guias Espirituais.

Acordaram abatidos, transtornados. As pessoas mais próximas notavam a diferença neles, que desconversavam, dizendo estarem cansados por conta dos seus compromissos.

A primeira parte do trabalho estava concluída. Só me restava agora aguardar o dia da gira, para que pudéssemos avaliar o real resultado daquela tarefa.

No dia determinado, lá cheguei com sete auxiliares. Quem estava no lado etérico daquele ambiente podia ver oito Exus Caveira estrategicamente espalhados. Deixei dois na porta, auxiliando os Guardiões da casa, e coloquei outros cinco no salão, junto a mim, muito bem distribuídos e com ordem para um ataque fulminante a qualquer ser negativado que ali aparecesse.

Há situações de verdadeira guerra e combate em que, ou nós, os Guias Espirituais de Lei, atacamos os negativados, ou somos atacados e não obtemos sucesso em nossas tarefas.

O clima no lado etérico daquele templo era este, todos podíamos sentir. Qualquer ser espiritual que ali chegasse sentiria o cheiro de guerra no ar. Por isso, estávamos prontos para aniquilar aqueles seres negativados.

Maria abriu os trabalhos e, rapidamente, todos os médiuns já se encontravam incorporados com seus Exus e Pombagiras.

Tudo corria normalmente. Meus auxiliares e eu mantínhamo-nos atentos a todo e qualquer movimento no interior daquela tenda e também nos seus arredores.

Joaquim trabalhava normalmente com o Senhor Tiriri da Estrada. Maria, trabalhando com Dona Maria Molambo do Cruzeiro acoplada em seu campo áurico, tinha às suas costas o Senhor Marabô atento a tudo.

Um dos meus auxiliares ficou incumbido de vigiar aberturas de portais no solo e nas paredes. Em dado momento, aproximou-se de mim, mostrando um portal que se abrira num relógio de parede no interior do salão, próximo de onde Joaquim estava trabalhando.

Mentalmente, dei o alerta a todos os Exus Caveira presentes naquele recinto, para que se aproximassem de Joaquim. Até mesmo os dois que estavam na porta, auxiliando os Guardiões da casa, vieram.

Fiquei à frente de Joaquim, que estava abaixo do relógio e tinha o Senhor Tiriri da Estrada acoplado ao seu campo áurico. E aquele Exu me fez sinal de positivo, autorizando minha intervenção, caso fosse necessário.

O portal abria-se cada vez mais. Eu estava à frente de Joaquim, olhando para o relógio, com sete Exus Caveira às minhas costas, aguardando o desenrolar dos acontecimentos.

Dona Maria Molambo do Cruzeiro, como se estivesse alheia àquilo tudo o que acontecia no lado etérico daquele templo, conduzia a gira para que não se desestabilizasse. Os Exus e Pombagiras dos outros médiuns, mesmo cientes de toda aquela situação, o mesmo faziam.

De repente, uma horda de seres negativados saía daquele relógio e saltava, parando em torno de Joaquim. Eram os mesmos que foram afastados pela Mãe Oxum no outro trabalho. O último a chegar foi o chefe, que parou à frente de Joaquim. Eles o cercavam. Pai João da Guiné tentou se aproximar. Fiz sinal com a mão direita para que parasse. Aquele briga era minha!

Joaquim e o Senhor Tiriri da Estrada estavam cercados por aqueles seres negativados. Aquele médium começou a passar mal, sentia tonturas e dores de cabeça. Eles estavam novamente influenciando seu mental. A conexão era tão forte, que não tinham dificuldade nenhuma em executá-la. O Senhor

Tiriri tentou envolver seu protegido num portal ígneo, mas era tarde. Eram muitos seres negativados à volta deles.

Porém, chegaram ali tão afoitos e com tanta "sede ao pote", que nem notaram minha presença e dos meus auxiliares bem atrás do chefe, assistindo a tudo.

Falei:

– Belo trabalho, besta humana! – e o aplaudi ironicamente.

Ele se virou, reconhecendo-me imediatamente e, irado, ameaçou avançar. Estendi meu cetro com a mão esquerda encostando sua cabeça na garganta dele e ordenei:

– Nem ouse tentar algo contra mim, ser desumanizado!

Seus asseclas tentaram avançar, mas foram imediatamente contidos pelos cetros e alfanjes dos meus auxiliares. Estavam todos naquele momento sob a mira das nossas armas. Um pequeno descuido por parte de algum deles e todos seriam executados ali mesmo.

O chefe, com meu cetro em sua garganta, com dificuldade, perguntou-me:

– O que o senhor quer, Exu Caveira?

– Saber exatamente por que estão desestabilizando o mental deste irmão e os trabalhos desta casa. Diga-me, então, por quê?

– Ele é meu escravo! E é um escravo que vale muito. Não fosse assim, eu não viria pessoalmente comandá-lo.

– Ele não é seu escravo, besta humana, ele é seu irmão, filho do mesmo Criador!

Ele tentou gargalhar, mas emitiu apenas um leve sorriso. E falou:

– Não seja tolo, Exu Caveira! Eu não sou irmão de humano algum. Eu sou executor de humanos.

– Pois informo ao senhor que sua curta carreira acaba aqui. Com uma rápida determinação mental, em poucos instantes, eu, meus auxiliares, aquele ser bestial e seus comparsas, além do espírito de Joaquim e Pai João da Guiné, nos encontrávamos nos domínios daquele ser, que nada mais era do que um humano com um arquétipo bem envelhecido; arrastava a perna esquerda, tinha os órgãos genitais arrastando-se ao chão e mal conseguia mover-se.

Seu domínio situava-se na segunda faixa vibratória negativa.

Enquanto isso, no templo, o corpo de Joaquim, após passar mal, manteve-se desacordado. Sob orientação do Senhor Tiriri, que ficou lá guardando-o, e do Senhor Marabô, outros Exus recomendaram aos cambonos da casa que o levassem para uma outra sala. E a gira correu normalmente, sem nenhum percalço, como há muito não acontecia naquele Templo de Umbanda.

Lá, no domínio situado na segunda faixa vibratória negativa, Joaquim a tudo assistia, em silêncio e exausto.

Com Pai João da Guiné e todos os meus auxiliares às minhas costas (eu estava de frente para aquele chefe negativado, que mantinha seus capangas às suas costas também), falei:

— Tome este homem que o senhor tanto quer — e com meu cetro projetei Joaquim, jogando-o nos braços dele. — A partir de agora o destino dele é seu. Assim a Lei Maior determinou. Porém, se ficar com a tutela dele, o senhor não conseguirá ultrapassar os limites desse seu domínio nos próximos mil anos. Se deixá-lo em paz, a Lei ainda não o reduzirá, assim como seu domínio, a pó (porque um dia isso acontecerá, meu irmão negativado, tenha certeza disso). Ganhará uma sobrevida, se deixá-lo em paz. Mas, já que faz tanta questão assim dele, deixo-o com o senhor; faça bom proveito deste canalha!

Gargalhei muito alto, assustando os asseclas daquele senhor de domínio negativo.

Ele pensou bastante, jogou Joaquim já desacordado ao chão e falou:

— Levem este imprestável embora. Não o quero aqui nem por mais um segundo! Não vou me indispor com a Lei agora. Se tiver de enfrentar o senhor, Exu Caveira, tenha certeza, será num combate que valerá a pena para nós dois.

— O senhor é bem mais inteligente do que eu pensava — falei em tom irônico.

Pai João da Guiné aproximou-se do seu tutelado, pegando-o no colo. Rapidamente, volitou com Joaquim dali, levando seu espírito de volta ao corpo carnal, no terreiro.

Antes de partir, ainda falei ao chefe daqueles seres desumanos:

— Espero nunca mais encontrá-lo em um templo de Umbanda, meu irmão! Em nenhum! — gargalhei, volitando dali. Meus auxiliares fizeram o mesmo.

Em poucos segundos, todos estávamos no Templo da Sagrada Mãe Oxum e do Sagrado Pai Oxóssi. A gira de Esquerda já havia se encerrado.

Enquanto os médiuns, do lado material, arrumavam a casa após o encerramento dos trabalhos, nós, os Guias Espirituais, do lado etérico, conversávamos.

Pai João da Guiné agradeceu-me pelo trabalho. O Senhor Marabô e o Senhor Tiriri da Estrada fizeram o mesmo. Dona Maria Molambo do Cruzeiro falou:

— Meu irmão Exu Caveira, estou muito orgulhosa de ter trabalhado ao seu lado nesta empreitada!

— Muito me honra, irmã Maria Molambo do Cruzeiro, poder auxiliá-la.

Joaquim acordou e foi embora, mal se despediu dos outros médiuns e nem olhou para Maria.

Autorizado por Dona Maria Molambo do Cruzeiro e pela Senhora Maria Padilha de uma das médiuns, acoplei-me ao campo áurico daquela médium que tinha entre os mistérios que a protegiam o de Exu Caveira.

Pedi para falar com Maria, que se aproximou, saudando-me:

– Laroiê, Senhor Exu Caveira! Salve sua força!

– Salve, criança! – falei e prossegui: – Lembra-se de tudo o que lhe falei quando esteve no cemitério, não é?

Ela sacudiu a cabeça afirmativamente. Prossegui:

– Então, carregue tudo o que aqui aconteceu como lição. Não se deixe mais levar por emoções, isto só prejudica o trabalho que tem a realizar. Quando se deparar com este tipo de situação, consulte imediatamente os seus Guias.

– Assim eu farei, Senhor Exu Caveira! Prometo que isso não mais acontecerá aqui neste templo.

– Que bom, criança! – gargalhei, abracei-a e, em seguida, me desacoplei do seu campo áurico.

Fui embora para o campo-santo satisfeito por mais uma tarefa cumprida.

Joaquim nunca mais voltou àquele templo.

Porém, cedo ou tarde, estarão frente a frente para um real acerto de contas.

Ele, ainda que tenha se livrado daqueles seres negativados, pelo que sei, continua guiado pelo orgulho e pela vaidade. Espero que não tenha se conectado com outros seres trevosos.

Maria continua trabalhando no templo, mais atenta e resignada. Tem ouvido seus Guias. Tem sido orientada a estudar, para que conheça melhor os mistérios que se manifestam na Umbanda, mas, infelizmente, como ainda acontece com uma boa parcela dos umbandistas, equivocadamente, reluta e pensa que apenas com o trabalho de terreiro pode aprender. Espero que um dia ela mude este seu conceito errôneo.

Aqui finda o último relato deste livro, com o qual quis mostrar ao leitor que os mistérios de Umbanda se apresentam a cada momento debaixo do nariz daqueles que praticam e frequentam esta religião.

Tudo porque a Umbanda é simples e, simplesmente, atua dentro das Leis da Criação.

Porém, ser simples não é ser simplista. Estudar Umbanda é adentrar uma complexa Ciência Divina, que está à disposição de todos aqueles que queiram acessá-la e com ela ampliar seu cabedal de conhecimentos.

Comentário Final do Senhor Exu Caveira

Tudo o que registrei aqui neste livro, especialmente neste último relato, o fiz com o intuito de mostrar ao leitor a realidade nua e crua da vida espiritual e também de algumas ações que acontecem nos terreiros de Umbanda.

Neste caso, especificamente, para que o misticismo não impere mais.

De uma vez por todas: o Diabo não está nos terreiros, nem mesmo nas igrejas. Não está em nenhum templo, porque neles ele não existe. E alguém ou algo só pode estar onde exista e se sustente. No caso dessa entidade "folclórica", na mente daqueles que o amparam com suas vibrações mentais.

O que existe são seres humanos negativados que, banhados em ignorância, provocam balbúrdias nas mentes dos humanos encarnados e nos ambientes (muitas vezes, templos religiosos).

São como os marginais do plano material, até mesmo porque são marginais do astral. E marginais são marginais, seres que vibram negativamente seus emocionais, pouco agem pela razão e usam desses artifícios para se sobrepor aos semelhantes, tirando vantagens deles. A diferença entres esses marginais encarnados e desencarnados é exatamente o fato de os primeiros atuarem ainda na matéria, e os outros, a partir dos planos espirituais negativos, de onde planejam seus ataques ao plano material, a fim de roubar energias dos encarnados, ligando-os aos seus mentais viciados.

Mentais viciados, afins com os seus, são o que eles encontram aqui no mundo material.

Não fosse isso, suas investidas seriam todas malsucedidas. Portanto, a maior culpa de tudo o que acontece espiritualmente, neste sentido negativo, é dos próprios encarnados que, banhados em ilusão, acabam conectando-se com esses seres.

E como tudo se repete, ou cresce como uma bola de neve, mais tarde esses que serviram de ponte para a chegada dos já negativados no plano material, lá estarão fazendo o mesmo com outros tantos que estarão se negativando por aqui.

Mas será que tudo isso um dia terá fim?

Acredito que sim. Mas este fim depende mais de quem isso me pergunta do que de mim ou qualquer Guia espiritual de Lei.

Pense nisso, caro leitor, reflita mesmo!

E, se por acaso concluir que precisa praticar esta reforma íntima, comece-a já! E se concluir que deve trabalhar para que alguém muito próximo, alguém que você ama, inicie essa reforma íntima, comece já também!

E receba um abraço do seu amigo **Exu Caveira!**

Uma pequena nota: *Aos senhores sacerdotes engravatados – e outros que possam estar agora esfregando as mãos e lambendo os beiços com este livro –, digo: não se animem a usar esta obra para seus propósitos mesquinhos. Ela apenas mostra uma realidade inerente ao ser humano, especialmente os encarnados, o que vocês também são. Essas coisas acontecem também em seus templos, mas vocês as escondem muito bem de seus adeptos, dos quais controlam as mentes. E ainda assim, se insistirem com suas calúnias, saibam que estarão à minha frente muito em breve, quando conversaremos melhor!*

Leitura Recomendada

O Preto-Velho Mago
Conduzindo uma Jornada Evolutiva
André Cozta

Por intermédio deste relato, o Senhor Mestre Mago da Luz, Preto-Velho Pai Cipriano do Cruzeiro das Almas, pretende mostrar não somente aos umbandistas, mas também a todos aqueles que creem em Deus e na Lei do Retorno, que nós, os espíritos humanos encarnados, podemos simplificar nossas caminhadas.

Contos de Aruanda
E Algumas mensagens de fé, paz e evolução
André Cozta

Esse livro traz aos umbandistas, em uma linguagem simples e direta, mensagens do Senhor Mestre Mago da Luz Preto-Velho Pai Thomé do Congo acerca da vida, especialmente no que tange às práticas e atitudes dos adeptos da religião de Umbanda Sagrada, neste momento de mudanças pelo qual passa o planeta.

Relatos Umbandistas
André Cozta

Essa é uma obra que foi trazida ao plano material pelo Senhor Mestre Mago da Luz Preto-Velho Pai Thomé do Congo, por meio de seu médium psicógrafo, André Cozta. São relatos de espíritos desencarnados que praticaram a religião de Umbanda Sagrada durante suas últimas passagens pelo plano material da vida humana.

À Sombra da Vaidade
Amor, Magia e Conflitos
André Cozta

Dando sequência à Trilogia "O Preto Velho Mago", essa obra mostra como um espírito pode afundar no poço das vaidades, descendo pelo "cordão do ego" sem, ao menos, aperceber-se de que está trilhando a via contrária.

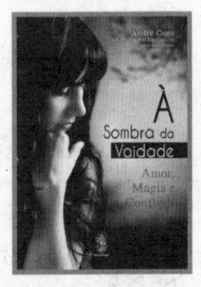

www.madras.com.br

MADRAS® Editora
CADASTRO/MALA DIRETA

Envie este cadastro preenchido e passará a receber informações dos nossos lançamentos, nas áreas que determinar.

Nome _____
RG _____ CPF _____
Endereço Residencial _____
Bairro _____ Cidade _____ Estado ____
CEP _____ Fone _____
E-mail _____
Sexo ❏ Fem. ❏ Masc.   Nascimento _____
Profissão _____ Escolaridade (Nível/Curso) _____

Você compra livros:
❏ livrarias   ❏ feiras   ❏ telefone   ❏ Sedex livro (reembolso postal mais rápido)
❏ outros: _____

Quais os tipos de literatura que você lê:
❏ Jurídicos   ❏ Pedagogia   ❏ Business   ❏ Romances/espíritas
❏ Esoterismo ❏ Psicologia ❏ Saúde   ❏ Espíritas/doutrinas
❏ Bruxaria   ❏ Autoajuda   ❏ Maçonaria ❏ Outros:

Qual a sua opinião a respeito desta obra? _____
_____

Indique amigos que gostariam de receber MALA DIRETA:
Nome _____
Endereço Residencial _____
Bairro _____ Cidade _____ CEP _____

Nome do livro adquirido: ***O Anfitrião do Campo-Santo***

Para receber catálogos, lista de preços e outras informações, escreva para:

MADRAS EDITORA LTDA.
Rua Paulo Gonçalves, 88 – Santana – 02403-020 – São Paulo/SP
Caixa Postal 12183 – CEP 02013-970 – SP
Tel.: (11) 2281-5555 – Fax.:(11) 2959-3090
www.madras.com.br

MADRAS® Editora

Para mais informações sobre a Madras Editora,
sua história no mercado editorial
e seu catálogo de títulos publicados:

Entre e cadastre-se no site:

www.madras.com.br

Para mensagens, parcerias, sugestões e dúvidas, mande-nos um e-mail:

marketing@madras.com.br

SAIBA MAIS

Saiba mais sobre nossos lançamentos,
autores e eventos seguindo-nos no facebook e twitter:

@madrased

/madraseditora